中西真彦・結城章夫
吉田武男・村上和雄・土居正稔

道徳教育の根拠を問う

大自然の摂理に学ぶ

学 文 社

著者紹介・分担

中西《なかにし》 真彦《まさひこ》 一般社団法人　国家ビジョン研究会代表理事
元東京商工会議所副会頭，元政府税制調査会委員
（まえがき）

結城《ゆうき》 章夫《あきお》 一般社団法人　国家ビジョン研究会前教育分科会会長
前山形大学学長，元文部科学省次官　（あとがき）

吉田《よしだ》 武男《たけお》 筑波大学人間系教授，教育学類長
（序章，第三章，終章）

村上《むらかみ》 和雄《かずお》 筑波大学名誉教授，国際科学振興財団バイオ研究所所長
全日本家庭教育研究会総裁　（第一章）

土居《どい》 正稔《まさとし》 元奈良芸術短期大学教授　（第二章）

まえがき

中西真彦

「教育を誤れば国は滅びに至る」といわれていますが、これは至言です。かつて英国首相に就任したブレア氏は、「私が成さねばならぬ大仕事は三つある。それは一に教育、二に教育、三に教育である」と言いましたが、これも教育の重要さを唱って余す所がありません。一国の青少年の教育が特定の偏った宗教とか原理に支配されてしまうと、その少年たちが成人し国を背負った時、その国家が迷走してしまうことは、現実の歴史の事実が教えています。

今、世界は経済発展至上主義になっており、また資本主義経済の本山であるアメリカの自由民主主義を踏まえた市場原理主義は絶対視されており、国家社会のすべては市場原理主義に基づく経済理論が解決してくれるものと思われていますが、この傾向は大きな危険をはらんでいる、とわたしたちは考えています。

なぜなら経済の発展には、その前提として「社会の安定」が不可欠だからです。社会の安定には、その国家社会の文化・文明に基づく国民の「道徳観」が重要な役割を果たします。一般庶民・国民の道徳心が一定のレベルにない場合、その社会は不安定となり、すべてが崩壊に向かうこととなります。

大まかな言い方をするなら、問題は、その「道徳・倫理」の哲学的根拠を、どこに、何に求めるかです。世界史的な視点で見てみましょう。かつてのマルクス・エンゲルスの唯物史観哲学に基づく共産主義国家ソビエト連邦は、百年間の国家実験で崩壊し、コミンテルンによる働きかけで一時期世界の過半の国々が社会主義の政治哲学を踏まえた国家となりましたが、ソ連の没落と共に消滅してしまいました。

国家という全体主義の意志で、人間のもつ自由意志を封殺した政治は、国家権力により「平等」の理念の実現には成功しましたが、国民の道徳心も同時に封殺していったのです。国民は人間としての自由意志を封殺され、生きる喜びを見失うことで、労働意欲も低下し、アルコール中毒者が増え、社会が不安定化し道徳心も低下してしまったうえに、国家全体の労働生産性の勝負もアメリカに敗れてしまい、そうした状況が国家滅亡につながっていったのです。これは、国家がその運営のマグナカルタ（大憲章）を誤った事例です。

しかしながら他方、「自由」を最高の理念として掲げ、自由民主主義の旗の下に国民の「個人の権利」と「個人の自由」「個人の尊厳」を重視したアメリカはどうなったでしょうか。徹底して「個人の自由」と「個人の尊厳・権利」を尊重する精神文化は、やがて個人主義・利己主義へと変貌していったのです。

最近の有名なアメリカでの「サブプライムローン事件」はそのことを物語っています。事件の本質は自由主義を利己主義と履き違えたところにあったといえます。返済能力のない下層階級に無理に貸し付けた不良債券が、他の証券とゴチャ混ぜにして粉飾されて、その危険な債券が世界の国々に売りさばかれたのです。これは、まさに最後のババをだれかが必ずつかむことを承知のうえで行うネズミ講と変わらないのです。

このような不道義が「自由」の名の下に行われたのです。アメリカ経済界を代表する金融機関がこのような不道徳な振る舞いをするその遠因には、わたしたちは、アメリカ文化のもつ自由至上主義＝エゴイズムに底通する文化がある、と主張したいのです。

この文化のもつ「道徳観」は、自分自身の「損得観」で成り立っているところにあると断じたいのです。「サブプライムローン事件」でアメリカの国際社会での威信は地に落ちたために、この事件は、世界に対するアメリカの一極支配の力に大きな影を落とすこととなったのです。

このように見てくると、以上二つのいずれにも属さない文化・文明はあるのかないのか、ということが必然的に重要な論点となってきます。

そこで、ズバリ結論を先取りしていえば、それは日本文明にこそ求められる、とわたしたちは主張したいのです。そして日本文明史の基層に潜み、生き続けてきた「文明の哲学」こそが、真の「道徳哲学」を教えてくれるものだと洞察しています。日本文明論に関しては、『日本文明論序説』として早い時点で世に問いたいと考えていますが、本書はそれに先立ち、そのエッセンスを包含した貴重な論考であると、わたしは評価したいのです。読者の方々には、ぜひ熟読玩味されることを願って巻頭言に代えさせていただきます。

目次

序章　日本の道徳教育には何が欠けているのか

吉田武男

【日本の現状】

我が国では、未曾有の少子高齢化社会が到来する状況にあって、労働問題や福祉問題などの社会問題が顕在化しています。さらに、社会を取り巻くより大きな自然に目を向けてみると、環境問題やエネルギー問題や食糧問題も抜き差しならない状況になりつつあります。そのような苦境の折に、二〇一一年三月一一日、東日本では地震と津波による天災だけでなく、それによって引き起こされた福島原発事故という人災によって、多くの日本人は大きな困難の中で生きなければならなくなりました。

そうした厳しい我が国の状況の中にあって、教育問題はいっこうに改善されることもなく、むしろ混迷の度を増しています。たとえば、学校教育の状況が要因となった痛ましい子どもの自死の事件やいじめの事件をはじめ、学校内における教師や友人への暴力や不登校などのさまざまな教育病理的な問題が発生し続けています。家庭内でも、親によるＤＶや子殺しの事件、あるいは子どもによる親殺しの事件、さらには兄弟姉妹同士の殺害の事件も後を絶ちません。犬や猫などの哺乳動物をはじめ、鳥類のような動物ですらも、基本的に親は自分の子を外敵から守りながら一生懸命に餌を与え、またその子は親を慕いながら必死に生きていることを想像するとき、動物の進化の頂点に立つ人間が、まるで犬や猫などの動物にも劣るような、「大自然の摂理」に反した行動をとっているのです（さらに、次のようなことをいうと当然のことながら批判が飛んでくる時勢ですが、それでもあえていうと、努力もすることなく、また熟考することもなく、自己中心的に自分の気持・気分だけを考えて「うざい」などといって結婚や出産・子育てを放棄する人たちも、確かに基本的な権利としての「個人の自由」であっても、何か「大自然の摂理」に反しているようにわたしには思えてなりません）。

【小手先の対症療法】

そのような嘆かわしい人間の行動が家庭や学校や社会などで出現すると、マスコミ界を中心に、決まったように青少年の教育の不十分さがヒステリックに強調され、道徳教育の充実と強化が叫ばれます。特に最近では、大枠でいえば、一方では徳目を読み物資料で教えるような旧式の道徳教育が叫ばれ、また他方では「心のケア」や「心の癒し」などの時流を追い風に、アメリカの心理学の理論と実践を基盤にした、個人の内面的資質に執着したような道徳教育の方法やそのプログラムが取り入れられています。

しかし、現実の諸相を眺めてみると、どちらの方法がそれぞれの道徳教育の専門家によって強調・宣伝されようが、あいかわらず多発する非道徳的・反道徳的な青少年の問題行動は収まらないどころか、度し難い問題行動の出現もいっこうに減っていません。つまり、その状況が暗示しているのは、前者のように、過去の埋葬されたような日本の方法を借りようとすることも、また後者のように、最近のアメリカンカルチャーに根づいた方法に依存することも、新旧どちらもダメだということではないでしょうか。その点を踏まえてさらにいうならば、問題の現象に対するその場限りの小手先の対症療法がいくら行われても、肝心の道徳の中身というか、道徳の内容が問われなければ、その内容を据える基底の「道徳・倫理哲学」が不問にされたままになりますから、抜本的な道徳教育の改善はあまり期待し得ないということになるのです。

〔道徳教育の第一歩が大間違い〕

ところが、どうでしょう。昨今の道徳教育についての文部科学省、教育委員会や民間の著作物やパンフレットなどに目をやると、何かすばらしい道徳教育が既定的に決まって存在しているかのように、多種多様な美辞麗句の言葉が満載です。たとえば、「豊かな心」「未来を拓く」「自他の生命を尊重する心を育てる」「子どもの心に響く」「心に届く」「しなやかに生きる心」

「生きる力を輝かせる」など、例をあげれば枚挙にいとまがないです。学習指導要領に記された道徳教育の内容項目を見ても、「美しいものに触れ、すがすがしい心をもつ」「相手のことを思いやり、進んで親切にする」「誠実に、明るい心で楽しく生活する」など、学校の道徳授業で取りあげるべき道徳内容が美辞麗句のように並べられています。

そのうえ、子どもに興味を持たせるために、さまざまな教材や指導方法も提示されています。各学校で示される道徳教育の指導計画や指導案やプログラムを眺めてみても、粗悪なものを見つけるのが至難の業です。

皮肉を言っているのではありません。正直なところ、そのくらい、学習指導要領に基づいて各学校で提示される道徳教育や道徳授業の試みは、概してりっぱなものです。それでも、道徳授業が大きな成果を出せないでいるのは、道徳教育を考える最初の第一歩の段階で大間違いをしていることをそろそろ疑ってよいのではないでしょうか。いわゆる「道徳の教科化」をきっかけに、道徳授業は「コップの中の嵐」の世界から脱却すべきなのです。

【道徳教育の困難性】

まず、道徳教育について考えてみてください。道徳教育という分野は、だれもが比較的口を挟みやすい教育という領域にあって、特にだれでもが何かを簡単にいうことができるところです。たとえば、数学教育とか生物教育、あるいは物理教育や歴史教育や文学教育などとなると、教育の領域の中でも、だれもが簡単にコメントできなくなります。なぜなら、少なくても、数学、生物、物理、歴史、文学について、ある程度の知識がないと、だれもが口を挟むわけにはいかないからです。

ところが、道徳教育となると、道徳に関しての知識が多かろうが少なかろうが、それなりの正しい個人的な意見や異論が簡単にいえます。それだけに、別の見方をすると、万人が納得するような道徳教育の提案は、きわめて困難ということになるのです。

そのひとつの大きな原因としてあげられるのは、人間や人格という言葉の意味内容だけでなく、道徳という言葉の概念それ自体があいまいであるために、人によってさまざまな捉え方が可能となり、その結果さまざまなレベルや次元の考え方が可能だということです。しかも、道徳の捉え方は、地域や社会や文化、さらには時代によっていつも大きな変化をします。そのうえ、教育という言葉も、時代や社会の差異を超えて、なかなか一義的に確定できるものではありません。なぜなら、唯一絶対に正しい教育の在り方や方法などは存在し得ないからです。そのように考えるならば、道徳や教育を捉える際には、人間観・社会観・宗教観・世界観などの価値観によってさまざまな立ち位置が存在するために、そもそも唯一絶対的な道徳教育の理論や実践は、人知を駆使するだけではとても構築され得ないわけです。

[道徳教育には基礎工事が重要]

そのような道徳教育に内在する困難性が宿命的に存在しているのですから、次のように考えてみてはどうでしょうか。だれにも適ったすばらしい万能で確固とした唯一の道徳教育の方法は存在しない、と。その大きな理由としては、道徳や教育という言葉の内実は、各人はもとより、時代や社会によって変化するものですから、そもそも流動的であいまいで捉えにくいのです。それだから、道徳教育は不可能だといいたいのではありません。そうではなくて、道徳教育の基盤になっている道徳の宿命的性格を十分に自覚したうえで、道徳教育の構想がなされなければならないといいたいのです。

つまり、喩えていえば、道徳教育という建物を構築するときに、その基盤となる道徳という土壌はかなり緩いために、基礎工事によって土壌を強固なものにしながら建物の土台となる石を据える作業が、まずなされなければならないということです。そのような作業に目もくれないで、立派な建物に見せるために色とりどりの塗装工事をしているのが、今の道徳教育の現状と施策です。まるで、それは、砂上の楼閣、あるいは空中の楼閣という工事に精を出しているようなものです。特に、最近の道徳教育の教育行政および教育実践の改善策を喩えていえば、空中の楼閣を強固に見せるために、骨組みを改良するのではなく、建築物の壁に色とりどりのペンキを塗りたくる工事が繰り返されているようにしか見えません。

〔道徳教育の根本的改善の方向性〕

このように見てくると、道徳教育の根本的改善の方向性はおのずと浮かび上がってきます。喩えて言えば、高価な補強材を使って側面から建築物を補強する工事や塗装工事ではなく、建築物の土台となる基礎工事が重要だということです。

つまり、これから求められる方向性は、道徳教育を行ううえでの拠って立つ絶対的基底を根拠とともに明確化することです。現在のような小手先の表層的な方法や工夫は、まったく意味をなさないというのもいい過ぎでしょうが、ほとんど意味をなさないと言ってもよいのではないでしょうか。すなわち、道徳教育の絶対的基底を強固にする基礎作業が喫緊の課題なのです。その作業が達成されるならば、本当の意味での、新しい日本の道徳教育が、おのずと構築されるはずです。

〔過去の偉人の知見に依拠すべきか〕

そのような作業は、実は戦前の修身時代の道徳教育研究では、現在よりもはるかに地道に行われていました。たとえば、古くは『国家論』のプラトンや『ニコマコス倫理学』のアリストテレスまで遡ったり、近代哲学のカントやヘーゲルを引き合いに出したり、あるいは『論語』における孔子の教えを学んだりしながら、道徳教育の基盤を固める研究が盛んに行われていました。そこでの基本的な姿勢は、道徳教育の拠って立つ基底を、すぐれた偉人の教えに求めるものでした。

確かに、すぐれた偉人の教えやその言葉は実際の道徳教育に大いに役立ちますが、道徳教育の拠って立つ絶対的基底とするには、現代の知識基盤社会や高度情報化社会の日本において、根拠としてあまりにも劣弱です。その意味では、過去の偉人の倫理学・哲学・宗教学の知見は、道徳教育の基底の参考にはなっても、完全に依拠すべきものではないと考えるべきでしょう。

【現代の道徳教育研究の動向】

ひるがえって、今の日本の道徳教育研究を眺めてみると、本当に嘆かわしい状況が目に入ってきます。すなわち、全般的な傾向として、過去のすぐれた偉人の教え方をはじめとして、道徳教育の基底になるような事柄についての探究すらも、見向きもされず、ただただ表面的なノウハウの改良、内容（道徳的価値）項目の追加・修正、教材（読み物資料）の開発、指導法の工夫、心理学的手法の活用などといったような、小手先の内容論や指導法ばかりが研究関心の的になっています。たまに、目標が掲げられても、日本人の奥深い宗教的文化的な特殊性に目もくれずに、ユダヤ・キリスト教文化圏において人格の有効な物差しになり得る「自己肯定感」「自尊感情」が引き合いに出され、その強化が道徳教育の目標とされています。特に「いじめ」

問題の解決には、その達成が万能の処方箋であるかのように信じられています。

そうした影響の下で、二〇一五（平成二七）年三月二七日に文部科学省は学校教育法施行規則の改正を行い、小学校や中学校などの学習指導要領の一部を改めました。そこでは、「道徳」が「特別の教科である道徳」、つまり「特別の教科　道徳」（以下、学習指導要領の記載と同様に、「道徳科」と略する）と改められ、大きな変更がなされたように見えます。確かに、これまでは特別に設置された領域としての「道徳の時間」が「道徳科」という「特別の教科」になったのですから、一見した限りは、いわゆる外枠の大きな転換は行われました。しかし、本質的な中身を熟視してみると、やはり従来の道徳教育研究の影響を強く受けて、基本的に対症療法的な指導方法の工夫をはじめ、教えるべき道徳教育の内容項目の追加などが行われただけですので、とても「いじめ」問題のような喫緊の教育問題を抜本的に解決し、文部科学省の言う「未来を拓く主体性のある日本人の育成」を目指す道徳教育、さらに現代風に言い替えれば、グローバル社会に対応できる日本人の育成を目指す道徳教育は、とても実現できそうにはないのです。

たとえば、「いじめ」を防止するために、小学校低学年で「自分の好き嫌いにとらわれないで接すること」、小学校中学年で「誰に対しても分け隔てをせず、公正、公平な態度で接すること」などの内容項目が追加されています。この追加によって、「いじめ」は防止できるのでしょうか。こうした人間関係的な問題に対して、人間関係的な内容項目の追加という処方箋によって防止できると考えられているとしたら、それはますます人間関係的な泥沼にはまり込むだけでしょう。人間関係的な問題を解決するには、むしろ発想の転換を図って、それと関係のない方法が効果をあげるのではないでしょうか。さらに一般的にいえば、そもそも、何かの問題が出てくると、内容項目を増やせばよいとする改善の試みは、あまりにも皮相浅薄です。これでは、問題が起こるたびに、内容項目が未来永劫に増えるだけで、いくつまで増やせば、道徳教育関係者は満足するのでしょうか。我が国では、道徳教育の絶対的基底や根拠に目もくれず、内容項目の追加という小手先の工夫だけが繰り返されているという実態が、日本の道徳教育研究の低水準をもろに受けた教育行政の現状になっています。

もちろん、そのような実態から脱却して、人間の深みに入ろうとする学術的・実践的な道徳教育研究は日本でもないわけではありません。しかし、そこでは得てして、ヒューマニズム的な考え方が肯定的前提となっており、「人間」「個人」「人間性」「心」「自我」「自己」「個性」などというような概念の尊重がとりわけ重視されています。その意味では、どちらかというと、個人の欲求・欲望の「抑制」ではなく「充足」や「達成」が、それと同時に「リアル」な世界ではなく「フィクション」の世界が大切にされていますから、実生活や実社会を生きていくための節度を身につけさせる道徳教育にとって、そのような個人の欲求・欲望の「充足」心を前提にした研究の諸理論は参考にはなっても、全面的に依拠すべき絶対的基底にはなり得るものではないでしょう。

【道徳教育のエポックメーキングの時期が到来】

混迷し閉塞感の漂うこのような現代の道徳教育界にあって、表面的な道徳教育の改変が自重・抑制されることもなく、政治的な変革の影響によって、矢継ぎ早に行われているのが現実的状況です。そのために、日常的に多忙な普通一般の教師は、その改変の意味もわからないまま振り回され、ますます疲弊させられることでしょう。それでは、普通一般の教師は道徳教育に熱心になれないばかりか、よりいっそう道徳教育それ自体に不信感を抱くだけです。また、その教師の様子を見て、道徳教育関係者は不信感を覚え、さらなる改変を求めることになるだけでは、いつまで経っても、道徳教育の悪循環は解消されません。その悪循環を断つために、そろそろこのあたりで、「道徳教育とは何か」「教えるべき道徳教育の内容はあるのか否か」などという根本的・原理的な問いが発せられるべきではないでしょうか。

もちろん、時代や社会の差異を超えたような絶対に正しい唯一の道徳教育の方法はないでしょう。しかし、それでもなお、できるだけ多くの人々に共通理解を得られるような、道徳教育の基底まで探りを入れた考え方が示されない限り、日本の道徳教育の行政的改革や実践的改善は混乱するだけです。「特別の教科　道徳」が新設された今こそ、道徳および道徳教育の根本について考えるエポックメーキングが到来していると考えるべきです。いつまでも、「道徳の時間」の新設の時代に見られた、文部省（当時）と日本教職員組合（日教組）との不毛なイデオロギー対立の図式を引きずるのではなく、多種多様な立場や主義主張を超えたところで、多くの知恵をもち寄り、これからの未来の平和な日本のために、そして日本のみならず平和な世界のために、新しい道徳教育が生み出されていくべきでしょう。基底においてひとつの宗教の考え方に縛られない日本には、それを生み出すだけの能力と資格と、そして地球的な使命が潜在しているように思われてなりません。それはとても難題ですが、そこに挑戦しようとするのが本書なのです。

【本書の特徴】

道徳教育の根拠についてはは後述することになりますが、本書の特徴は、従来の日本および世界の道徳教育の発想を根本的に転換して、人間それ自体に留まらず、人間の知性や存在を超えた「大自然の摂理」の中に道徳教育の絶対的基底を探し求めようとした試みにあります。

その「大自然の摂理」の象徴的な一事例として、オタマジャクシの尻尾の細胞は、足が出てきてカエルに成長する過程で、個体の「いのち」（持続発展）のために死滅するという、アポトーシスの現象があげられるでしょう。そこには、オタマジャクシという個体の意思では、尻尾の細胞の死滅をどうしようもできない、絶対的な「大自然の摂理」が働いているのですから、その個体は、その摂理に合わせて成長していくことしかできないのです。オタマジャクシは、我を張って、いつまでも尻尾を持って、魚のように水中で生きていけないのです。また、見方をかえると、「大自然の摂理」の下で、尻尾（部分）が節度ある死滅をしてくれるおかげで、カエル（全体）の成長といのちが保障されるのです。もし、オタマジャクシの尻尾だけが、我を張って、がん細胞のように生体全体を考えずに、自己だけの増殖と繁栄を求めて転移を繰り返せば、やがては生体全体を死に至らせ、自らも死滅してしまいます。すべての細胞や部位が、全体のいのちのために、死滅も含めたかたちで、それぞれに適った協力関係の下にバランスよく機能してこそ、いのちを維持発展できるのです。このような「大自然の摂理」は、好むと好まないとにかかわらず、社会（全体）における人間（部分）の生き方の、あるひとつの重大な指針を映し出している点で、道徳教育の絶対的基底になり得ると考えられるのです。

本書では、そうした「大自然の摂理」を裏づける「確かな証拠」を示すために、倫理学・哲学・心理学などの知見を取り入れつつも、あくまでも真実に対する仮説という特徴をもちつつ、現代社会にとってなくてはならない最新の科学（サイエンス）の知見を、道徳教育というジャンルの教育書に果敢に取り入れようと思っています。その考察の過程で、最新の科学の知見が、自然に適った人間の在り方生き方の指針を提示していることに気づかされると同時に、一万数千年前の縄文時代から綿々と思想的基層として引き継がれてきた自然観と基底においてつながっていることにも気づかされます。

しかしながら、そうした最新の科学でも掌握できない事柄については、遠くない未来の科学においてやがて裏づけられると信じながら、現時点でできる限界的な考察として、過去の偉人の見解をはじめ、個人の主観的・間主観的な意見や体験的洞察も、補足的に併せて試みます。

【本書のねらい】

もちろん、道徳教育の難題に対する完璧な答えが本書によって提示されているわけではありません。しかし、完璧な答えとはいえないまでも、それにかなり肉薄した考察が、できるだけ親しみやすい事例を提示しながら展開されています。

それだけに、読んでいただくとわかることですが、本書が目指している壮大なねらいからいって、各担当者間の立場の相違から、細部にわたって全体として完璧な記述内容や統一的な記述形式になっていないことは認めざるを得ません。そのことを十分に自覚しつつも、早急に世に提案し警鐘を鳴らさなければならない分岐点が、いまの日本の教育界のみならず、世界全体にも到来しているのではないか、という危機意識がこの本書の出版を後押ししました。したがって、本書には、まだまだ原石のような考え方が見られ、具体化の段階まで至っていないところもありますが、基本的な方向性や考え方は明確に提示されています。

それこそがこれからの日本の、あるいは世界の道徳教育を牽引して行かなければならない考え方だと、わたしたちは確信しています。そんなわけですから、一人でも多くの読者の皆様に一刻も早く本書の内容を知っていただき、そのうえで内容に対する叱咤をいただき、これから早急に未来にふさわしい具体的・実際的な道徳教育をともに創造していきたいものです。

【本書の構成】

本書では、とりあえず、多くの人たちに新しい道徳教育の構想をわかっていただくために、大きく次のような三部構成によって応えることにしました。

まず、第一章では、現代の分子生物学や物理学というサイエンスの知見を眺めていると、そこには不思議な二面性の存在に気づかされることがわかりやすく示されています。その二面性は、不思議なことに古くから日本人には直観的に気づかれており、日本文明の中に深く刻み込まれているということが示されています。それだけに、日本文明の重要性に気づかれるでしょうし、最新の自然科学に裏づけられたような日本文明に内在された世界観・人間観は、これからの日本のみならず、全世界に有益な示唆を与えてくれる、特に「日本発の道徳教育」の絶対的基底を考えるうえで貴重な示唆を与えてくれることを暗示しています。

次に第二章では、日本の道徳教育が拠って立つべき絶対的基底という未踏の領域について、わかりやすい俗的な事例と難解な学問的事例を時に応じて引き合いに出しながら、筆者の客観的な哲学的思索が遺憾なく発揮されています。そこでは、あくまでもおおざっぱな言い方になりますが、まず多忙の中で忘れがちになってしまう自然の営みを振り返ったうえで、道徳ないしは道徳教育の成立の原初を求めて、人間、そしてその生命、さらにはそれらを司る自然について考察されています。次に、生命のさまざまな働きに注目することで、そこから生命の働きに則った道徳ないしは道徳教育が提案されています。さらに、その提案の基層に流れている精神は、近現代においても特別な人が特別なところで体験的に気づいていることですが、日本では直観的に古くから気づかれていることが示されています。

さらに第三章では、日本の道徳教育の現代的諸相と課題について教育学的に探究しています。特に、学校における従来ながらの道徳教育と、アメリカ流の個人主義的な心理主義の道徳教育の功罪について、詳しく説明されています。そのうえで、道徳教育の根底的な改革がない限り、その改善の展望は開けないことを強調するとともに、即効的な改善の鍵を指摘し、昨今の道徳教育の問題点を批判しながら日本の新しい道徳教育の展望を提示します。

なお、本書では、煩雑さを避けるため、詳細な注釈については省略し、各章ごとに主要参考文献のみを提示しました。ご容赦いただきたい。また、出版にあたっては学文社の田中千津子社長、原稿の整理・編集にあたっては国家ビジョン研究会秘書室の井上和明代表世話人の協力を得ました。さらに、原稿の内容に対しては国家ビジョン研究会のメンバー、特に教育分科会のメンバーから貴重なアドバイスを得ました。ここに、感謝を申し上げます。

●主要参考文献●

・大森与利子『「臨床心理学」という近代―その両義性とアポリア―』雲母書房、二〇〇五年
・小沢牧子『「心の専門家」はいらない』洋泉社、二〇〇二年
・日本道徳教育学会『道徳教育入門―その授業を中心として―』教育開発研究所、二〇〇八年
・中西真彦・土居正稔『西欧キリスト教文明の終焉』太陽出版、二〇〇七年
・村上和雄・吉田武男・一二三朋子『二一世紀は日本人の出番―震災後の日本を支える君たちへ―』学文社、二〇一一年
・吉田武男・相澤伸幸・柳沼良太『学校教育と道徳教育の創造』学文社、二〇一〇年
・吉田武男・中井孝章『カウンセラーは学校を救えるか―「心理主義化する学校」の病理と変革―』昭和堂、二〇〇三年

序章の要約

＊動物の進化の頂点に立つ人間が、まるで犬や猫などの動物にも劣るような、「大自然の摂理」に反した行動をとっている。

＊問題の現象に対するその場限りの小手先の対症療法がいくら行われても、肝心の道徳の中身というか、道徳の内容が問われなければ、その内容を据える基底の「道徳・倫理哲学」が不問にされたままであるから、根本的な道徳教育の改善は期待し得ない。

＊道徳や教育を捉える際には、人間観・社会観・宗教観・世界観などの価値観によってさまざまな立ち位置が存在するために、そもそも唯一絶対的な道徳教育の理論や実践は、人知を駆使するだけではとても構築され得ない。

＊最近の道徳教育の教育行政および教育実践の改善策を喩えて言えば、空中の楼閣を強固に見せるために、骨組みを改良するのではなく、建築物の壁に色とりどりのペンキを塗りたくる工事が繰り返されているようにしか見えない。

＊道徳教育の絶対的基底を強固にする基礎作業が喫緊の課題である。

＊過去の偉人の倫理学・哲学・宗教学の知見は、道徳教育の基底の参考にはなっても、完全に依拠すべきものではない。

＊道徳教育の絶対的基底や根拠に目もくれず、内容項目の追加という小手先の工夫だけが繰り返されているというのが、日本の道徳教育研究の低水準をもろに受けた教育行政の実態である。

＊実生活や実社会を生きていくための節度を身につけさせる道徳教育にとって、個人の欲求・欲望

の「充足」を前提にした研究の諸理論は参考にはなっても、全面的に依拠すべき絶対的基底にはなり得るものではない。

＊「道徳科」が新設された今こそ、道徳および道徳教育の根本について考えるエポックメーキングが到来している。

＊「大自然の摂理」を裏づける「確かな証拠」を示すために、倫理学・哲学・心理学などの知見を取り入れつつも、あくまでも真実に対する仮説という特徴をもちつつ、現代社会にとってなくてはならない最新の科学（サイエンス）の知見を、道徳教育というジャンルの教育書に取り入れる。

＊早急に世に提案し警鐘を鳴らさなければならない分岐点が、いまの日本の教育界のみならず、世界全体にも到来している。

＊最新の自然科学に裏づけられたような日本文明に内在された世界観・人間観は、これからの日本のみならず、全世界に有益な示唆を与えてくれる。特に「日本発の道徳教育」の絶対的基底を考えるうえで貴重な示唆を与えてくれる。

＊生命のさまざまな働きに注目することで、そこから生命の働きに則った新たな道徳教育が提案される。

＊道徳教育の根底的な改革がない限り、その改善の展望は開けない。

第一章　現代科学と日本文明―科学的思索を中心に―

村上和雄

二〇世紀後半から二一世紀にかけて新しい発見が次々となされて、革命的発展を遂げつつある学問分野が二つあります。そのひとつは分子生物学です。もうひとつは宇宙物理学を含む現代物理学です。したがって、この二つの学問分野から日本文明の価値とともに、道徳教育の絶対的基底を考えてみたいと思います。

1．分子生物学と日本文明

(1)　生命の本質には二面性がある

【DNAの解明】

二〇世紀後半から、生物科学、特に分子生物学が素晴らしい進歩を遂げました。一九五三年、アメリカの生化学者ワトソンとクリックによって遺伝子の本体がＤＮＡという物質であることと、その構造が解明されました。そして驚くべきことが明らかになりました。それは、細菌を含む微生物、昆虫、植物、動物、人間など、すべての生き物はA、T、C、G、と呼ばれる同じ遺伝子暗号（塩基）を使っていることが発見されたのです。これは、地球上のあらゆる生きとし生けるものは、A、T、C、Gを含むDNAでつながっていることを意味しています。

さらに、DNAの解明をした結果、地球上すべての生き物の元は、ひとつであったことも判明しました。人間は特別な存在で、地球の資源や他の生物を利用していますが、長い進化の歴史から見れば、すべての生物は人間にとって先祖であり、また親戚、兄弟姉妹のような存在でもあるのです。

【遺伝子はペアで働く】

DNAは、非常に細長い糸のような巨大分子であり、その幅は一ミリメートルの五〇万分の一という超微小の二重らせん構造をしています。ヒトのこのらせん構造は約三二億の階段からなっていますが、そのすべての階段がAとT、CとGというペアから成っているのです。そこでは、少し働きの異なる分子（塩基）がお互いに支え合いながら遺伝情報を伝達しています。しかも、A：T、C：Gの結合は、プラス電気とマイナス電気がお互いに引き合って形成され、ペアを組んでいます（図1－1参照）。

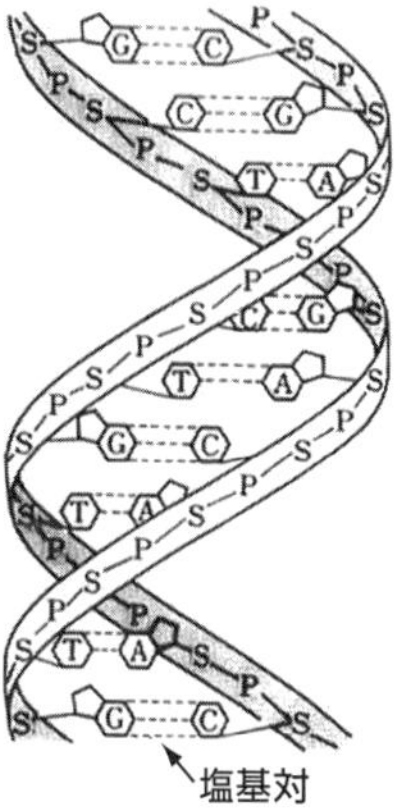

DNAは4つの塩基〔アデニン（A），チミン（T），グアニン（G），シトシン（C）〕と糖（S），リン酸（P）が結合したもので，二重らせん状になって存在している。AはTと，GはCとそれぞれ対をつくる。

図1－1　遺伝子（DNA）の構造

出典：村上和雄『生命の暗号—あなたの遺伝子が目覚めるとき—』（サンマーク出版，1997年）より

このペアの二重鎖が細胞分裂の際には一本鎖に分かれて、相手とペアを組み、新しい細胞を形成して、細胞分裂を繰り返していきます。これが細胞の複製の仕組みです。この自己複製は遺伝子の重要な働きでありますが、遺伝子には、もうひとつの働きがあります。それは、遺伝情報に基づいてタンパク質を合成して、細胞を形成し、その働きを制御しているのです。この二つの相異なる重要な働きを遺伝子は担っています。まさに、「二つひとつが大自然の摂理である」といえそうです。

そして、このDNAは細胞の核の中に存在しますが、ヒトの場合その重さは僅か一グラムの二〇〇〇億分の一に過ぎません。この中に、人の全遺伝情報（ゲノム）が書き込まれています。さらに、遺伝子はタンパク質で構成されている

酵素を通じて生体のあらゆる化学反応を制御しています。遺伝子と酵素を含むタンパク質はペアで働いているのです。そして、交感神経と副交感神経、血圧上昇系と血圧降下系など、反対の働きをする調節系がペアで働いているのです。

【アポトーシスというプログラム】

わたしたちの身体は、たとえば、角膜は毎日、約三〇〇〇億個の細胞が死に、それと同数の細胞が誕生しています。すべての再生系の細胞で、誕生と死が遺伝子に書き込まれたプログラム通りに行われています。再生系の細胞の死は、アポトーシスと呼ばれています。

アポトーシスには三つの役割があります。

(i) 足の指が形成される過程で不要となった細胞の死。
(ii) 生体の中で老化して不要となった細胞の死。
(iii) ウイルスなどにより侵された細胞の死。

【利他的に働く遺伝子】

いずれも、全体や他の細胞を生かすために自分が死んでいく利他的に働く遺伝子が存在しています。しかも、細胞の死によって細胞の構成生体であるタンパク質、脂質、糖質の巨大分子は、それぞれ、アミノ酸、脂肪酸、グルコースなどの単糖類まで分解され、自分自身あるいは他の生物によって再利用可能な最小単位まで分解されるのです。

ただし、それ以上には分解は進みません。そこには、自分の細胞の再生産および他の生物に利用可能な見事なリサイクリングシステムが存在しているのです。

【子孫によい遺伝子を残すシステム】

さらに、生物は進化の過程で、個体レベルでも死という自己消去によって子孫によい遺伝子を残すシステムを獲得しました。

長く生き続けると遺伝子に傷がつきます。死が来なければ、その傷が世代を越えて受け継がれてしまいます。そこで、自死の遺伝子プログラムがインプットされたと考えられています。後述するように、自死性の遺伝子をもった生物が進化のうえで、有利となったのです。つまり、死によって遺伝子が新たに配り直されることになるのです。

【利己的な自己複製】

今、わたしたちが生きている地球環境には限りがあり、場所によって物質やエネルギーの在り方に偏りがあります。この有限不均質な地球環境において、生命は誕生以来、どのように命をつないできたのでしょうか。

既述したように、一九五三年、アメリカの生化学者ワトソンとクリックによってDNAの構造と機能が発見され、生命は自らの遺伝情報を自己複製できるということが明らかとなりました。自己複製は、自己を保存するという点で利己的であり、自己複製による増殖は生命の本質といえます。

【利他的な自己解体】

しかし、有限不均質な地球環境において生命の進化を可能にしてきたのは、利己的な増殖システムだけでしょうか。この問いに対し、大橋力らは、人工生命を使った興味深い進化シミュレーション研究を報告しています。

地球上に生きる私たちヒトを含め、すべての生命の基本単位は細胞です。大橋らは、個々の細胞が普遍的にもつ自律的な死の仕組みに注目しました。それは、寿命などの自然死とは異なり、自らの遺伝子プログラムに基づいてエネルギーを費やす能動的な死であり、己の躰《からだ》を自ら解体して、他の生命が再利用するのに最適な部品（生体高分子の加水分解で生じる生体単量体）を環境に返還するのです。つまり、自律的な死は利他的なのです。しかし一般には、適応不可能な環境で自らを解体する利他的な死は、明らかに生物学的不利益ですし、進化の過程において淘汰されてもおかしくないのです。しかし、地球上に現存する生命は、例外なく死を約束されています。それはなぜでしょうか。

大橋らはさらに、利他的な自己解体を、時間空間的大局である地球生命の進化という視点から検討することを試みました。彼らは、コンピューター上に仮想的に生命過程を実現できる、人工生態系を開発してきました。そこに、①自己増殖のみをもつ（自己解体しない）不死の人工生命体と、②自己解体を伴う有死の人工生命体を置き、それらの増殖過程をコンピューターによりシミュレーションしました。

この人工生態系上に、物質とエネルギーの存在状態がどこをとっても全く均質な仮想環境を構成した場合、上記①、②の二つの人工生命体を増殖させると、②の有死の生命体はその生物学的不利益から、①の不死の生命体にたちまち圧倒され、絶滅してしまいます。しかし、地球と同様な有限不均質な仮想環境を構成し、同様に増殖させると、①の不死の生命体はシミュレーション開始当初は勢いよく増殖しますが、生存可能な領域を埋め尽くすと頭打ちになりました。これに対して、②の有死の生命体は、当初は増殖不可能だった環境に進出できる変異種が多数誕生して個体分布を大きく広げ、最終的には不死の生命体を圧倒し、尻上がりに繁殖しました。

このような人工生命体を用いた大橋らの数々の進化シミュレーション研究は、あらゆる生命

（細胞）がもつ自律的な死の遺伝子が、進化の過程で獲得された利他的遺伝子であり、有限不均質な地球環境において、利己的な自己増殖が陥る進化の閉塞を打破する洗練された生存戦略として、地球生命の子孫繁栄をもたらした可能性を示唆しています。この結果は、生命の進化に重要な理解を導いたといえるでしょう。

【命のリレー】

ヒトも含め地球上の生命は、連綿とつながる命のリレーの果てに今を生きていますが、そこには、利己的な本質とともに、利他的な恩恵があったこと、また利他的であることがもうひとつの重要な生命の本質なのです。

なお、大腸菌のような原始的な細胞や、がん細胞には自死性の遺伝子はないために、大腸菌は新しく進化することがありません。また、がん細胞は、それ自身で無限ともいえる増殖をしますが、そのために、他の細胞や臓器を破壊し、個体の死によって最終的には、がん細胞も死んでしまいます。このように利己的な遺伝子のみ有する細胞は、生存上も進化上も不利となるのです。それが、「大自然の摂理」なのです。

(2) 人間の本質には助け合いの心がある

[利他的な遺伝子]

ヒトの身体は約六〇兆という膨大な数の細胞から成っている（最近の研究では三七兆二〇〇〇億という説も発表されている）のに、どうして細胞同士の争いもなく、見事に生きていられるのでしょうか。ヒトの場合、約三〇〇種類もの異なる細胞が器官や臓器をかたちづくっています。そして、細胞や臓器は助け合いながら、個体を生かす見事な働きをしています。

これは、自律神経の働きとして説明されていますが、自律神経を動かしているものは何かまったくわかっていません。わたしは、この見事な助け合いのために必要な情報は、ゲノムに書かれていると考えています。

ヒトの身体では、細胞同士、臓器同士が見事に助け合っています。遺伝子にも利他的な働きをする情報が存在すると、わたしは一九九〇年代の終わり頃から仮説として提案してきました。

一方、進化生物学者・長谷川真理子は、ヒトは本来、助け合う生き物として進化したと考えています。ヒトの身体が進化によって適応的に作られたように「こころ」も、また進化します。この考えは、コンピューターのシミュレーションを用いてゲームを行うことで検証されました。ゲームが一回で終わる場合、協力行動はなかなか生まれませんが、同じ個体が繰り返しゲームを行うのであれば、状況は変わってきます。自分の利益のみを追求し、他者を裏切って食い物にしていく者は、最初は繁栄しますが、その者同士でだまし合って自滅します。一方、もらって、お返しをしてという集団は、繰り返しゲームを行うことで双方の利益がプラスになって、どんどん繁栄するのです。

つまり、長期的なつき合いが続く中では、協力行動が進化し得ることが、モデルを用いたシミュレーション研究から明らかにされました。

【利他行動の進化】

ヒトほど他者に協調し、協力したり援助したりする動物は、他にはいません。では、ヒトに高次な利他行動が進化したのはどうしてでしょうか。それは、ヒトの「こころ」の存在だ、と長谷川真理子は主張します。

ヒトは進化の過程において、互いの状況や感情を、繊細、的確に推測する能力を獲得し、言語により意図を交わすことができるようになりました。ヒトに著しく発達した脳の働きは、長い集団生活の中で非常に強い社会性を生み、ヒトに独特な文化をつくり出しました。困っているヒトに「思わず」手を差し伸べます。そんな無意識になされる利他行動は、他者への共感や配慮（思いやり）、協調、助け合いがヒトの本能として進化した、ということを示しています。

〔利己から利他へ〕

ヒトを含め、いま、この地球上に生きるすべての動物は、生命の誕生以来、幾多の過酷な環境を切り抜けて、生き残ってきたものの子孫です。何よりも自分の子孫を後世に残し、自分の生存を優先することは、生き抜くために必要であり、利己性（自分本位）は生きる術として遺伝子に刻まれました。その一方で、群れて暮らす動物たちは、集団の中で生きるために、もうひとつの術として、他者を思いやる、利他的な遺伝子を獲得していきました。

「利他」と「利己」、それらは相反しているように思われていますが、表裏一体であり、種の存続と個体の生存に共に必要な本能行動としてヒトに定着しました。そしてヒトは、利己的な生き方と、利他的な生き方をそれぞれにもっていて、二つのバランスをとりながら、今を生きているのです。

さて、わたしたちは、ヒトから感謝されたときに、より幸せを感じます。これは、利他の方が利己よりも進化的に新しく、発達した脳（こころ）の働きが、より強く作用しているからだと考えられます。それならば、ヒトは利己から利他へ意識を変えることで、より利他的な生き方へと進化することが可能になります。二〇一一（平成二三）年三月一一日に起きた東日本大震災は、まさに人々の意識を変え、我欲が目立つ今の世の中に、ヒトの利他性がまだまだ健在であることを伝えています。ヒトがもつ高度な社会性の基盤が利他性にあるとするならば、わたしたちは意識して、利他的な遺伝子をオンにして、助け合うこころを日常にもっと顕在化すべきです。それが、よりよい地球社会、より高次の人間の進化を導くことになるでしょう。

【ヒトとチンパンジーの差を決めるもの】

ヒトの全遺伝情報（ゲノム）と、ヒトに最も近い現存動物種であるチンパンジーのゲノムの解読が、最近完了し、大変興味深い事実が判明しました。

それは、ヒトにはあるが、チンパンジーにはないという遺伝子はひとつもないのです。それでは、ヒトとチンパンジーのゲノムの三・九％の差とは一体何かを探索した結果、そのひとつに、大脳皮質のしわの形成に関与する配列が発見されました。

しかも、その配列はタンパク質をつくるためのＤＮＡではありませんでした。その配列の働きは、遺伝子のオンとオフのタイミングや場所の決定にかかわると考えられます。すなわち、どんな遺伝子がいつ、どこで働くかを決定し、ヒトとチンパンジーの差を決めるものであって、進化を考えるうえで、重要なメカニズムなのです。

【能動的に自らを変え得る自由な主体的存在としての人間】

ゲノム解読によって見えてきたのは遺伝子のスイッチのオン・オフ決定の重要さです。形態の進化を引き起こす最大の推進力は遺伝子の基本的設計図——ヒトとチンパンジーの間に差はなく、両者共通——ではなく、オンとオフをつかさどるスイッチの変化であり、その変化をもたらすのが、実は目に見えないこころの働きではないかと考えられます。

たとえば、わたしは、「笑い」という陽性の心の状態が糖尿病患者の食後血糖値の上昇を抑え、その際にオンまたはオフになる遺伝子を発見しました。これは脳（こころ）の働きを変えただけで、人は遺伝子レベルで高次の人間へと進化できる可能性があることを示唆するひとつの重要な事例です。こころが遺伝子のオン、オフをつかさどり、体の状態を変え得るものだとすると、それは新しい遺伝子観や進化観、人間観の登場に道を開くことになることは少し考えただけでも明らかではないでしょうか。

というのは、人間は遺伝子によって支配されるというより、それを使ってより進化することができ、また外的な原因による突然変異や自然淘汰されるだけの受け身の存在ではなく、能動的に自らを変え得る自由な主体的存在と見なし得るからです。そして、事実、ゲノム解読後に、新しい遺伝子観や人間観が登場しつつあります。

(3) サムシング・グレート

[サムシング・グレートとは何か]

ここで少し視点を変えてみます。

わたしは、生命科学の研究に五〇年間、従事してきましたが、つくづく感嘆したことがあります。細胞中の極微の空間に万巻の書物に匹敵する遺伝情報が書かれていますが、それはいったいだれが書いたのでしょうか。人間が書いたものでないことははっきりしています。最初のヒトの誕生以前にヒトの先祖である諸生物がすでにゲノム（遺伝情報）をもち、地球上に暮らしていたからです。

では物質のランダムな変化、運動によって偶然にそれが書かれたのかといえば、それももちろんあり得ないと思います。それはちょうど文字があるところにばら撒かれているとき、突然大風が吹いて舞い上がり、落ちて数万巻の有意味な本ができたというのと同じく、あり得ない話だからです。

ではどうしてそれはできたのでしょうか。だれが書いたのでしょうか。それは、人知を超えた偉大なあるものを想定できるのではないでしょうか。否、そう考える理由があるのではないでしょうか。私は、これを「サムシング・グレート」と名づけ、その存在を提唱してきました。

【サムシング・グレートとしての「大自然の摂理」】

人間の出自は大宇宙、大自然であって、その大自然の中にそのサムシング・グレートは存在し、ヒトを含めすべての生物はそこから生まれたと想定できます。別の言い方をすると、それは「大自然の摂理」とも考えられ、その摂理によってヒトを含む全生物は地上に誕生したと思われます。

そうすると、サムシング・グレート、つまり「大自然の摂理」は全生物に生命を与えた親といわれ、子のもつすべての基本的性格は親から与えられたものですから、その摂理、サムシング・グレートは自然、宇宙に内存する生命、精神と見なし得るのではないでしょうか。

【人間の本性は利他か利己か】

人間の生命、心が宇宙の大生命、大精神に由来するとすれば、人間同士、生物同士はその大生命から生まれた兄弟同胞関係にあり、互いに助け合うその本性は生物やヒト発生後、後から生じた第二義的なものではなく、発生の当初から有していた第一義的な本性だと思われます。

アポトーシスの働きに代表されるように、人体六〇兆個の細胞は対立したり抗争することなく互いに全体や周囲のため働き、ある場合には、自らの生命すら与えています。その働きによってヒト、生物は自己の個体を維持し、子孫を残すことが可能だといえるでしょう。

それもだれに教えられたものでもなく、ヒトを含む全生物がそれを実行し、過酷な自然環境を何十億、何億年も生き延びてきたのです。少なくとも、現存する全生物はそのような生物の子孫に外なりません。

人間の本性は利他か利己に関しては自然科学以外の文明、宗教や哲学・倫理・道徳・文学などの分野でも、古来からいろいろに論じられていますが、二一世紀の現在なお決着がつかず、両説並立のまま現在に至っています。

[遺伝情報はだれが書いたのか]

ところが物理学を根本とする現代科学は、人間の形成の設計図と考えられる遺伝子(ゲノム)の遺伝情報の解読にはほぼ成功して人間解明のための重要な一歩を踏み出したといえるでしょう。

しかしなお未踏の分野が残っており、生命の働き、そのメカニズムのすべてが、解明されたとはとても言えないと思います。それは自然科学者すべての知見を結集し、単なる無生物から大腸菌一匹すら創り出すことに成功していないことを見ても明らかでしょう。

さらにDNAの遺伝情報が解読されたとしても、その極微の空間にその膨大な情報をだれが書いたのか、未解決のまま手付かずの状態で残っています。

【サムシング・グレートと日本文明】

そこで、わたしはサムシング・グレートをその書き手として想定しました。それがヒトを含む全生物に生命を与えた親として自然界に内存すると考えました。これはもちろん仮説でありますが、そう考えざるを得ない真実ではないかと思っています。

もしそうであれば、自然の根底に神あるいはサムシング・グレートを想定することが縄文以来の日本の伝統的自然観であるように思うのですが、それは、西洋文明の視点から見下して言うところの、アニミズムといわれるような未熟な一種の宗教思想では決してなく、科学説に裏づけられた真実の思想と見なし得ると思われるのです。さらに言うと、わたしが痛感するのは、日本の伝統的な自然観すなわち自然には神が宿り、その自然を崇拝し、護り育て、それに畏敬の念を抱くという縄文時代以来一万年以上にわたって生き続けてきた日本文明の伝統が、実は最先端の科学によって裏づけられている、ということなのです。

実際にそうした自然崇拝が現代もはっきりと生きて働いているのは、先進諸国の中では日本だけではないかと思うのです。日本には衣・食・住のすべてにわたって世界から多くの文明、文化が入ってきましたが、日本人は自らの文明に合致しないものは断固として拒絶しましたが、そうではないものは好奇心をもって積極的に取り入れ、自らの文明を豊かにしてきました。そうでありながら、日本人は、取り入れた文明に全面的に染められるのではなく、自らの伝統はしっかり守り続けている稀な民族なのです。

〔東日本大震災と日本の伝統〕

その伝統が今回の東日本大震災に生かされて、その災害を自然の与えたものとして受容し整然と行動したのです。外来文明にどっぷりつかったような日本ですが、諸外国で普通に見られるような略奪や暴行はほとんど見られませんでした。それどころか避難民を誘導するため、だれから命じられたわけでもないのに、自らの生命を捧げた実例がマスコミでしばしば報じられていました。

だれかに強制されたり命令されたりしたのではなく、自らの意志でそういう行動を取ったことが注目に値するのです。このようなことは諸外国ではほとんど見られませんので、多くの国々から賞賛されたことは広く知られているところです。

しかもそれを実行したのが特別な人でなく、ごく普通の名もない人だったのです。普通の人々を動かし、そういう行動を取らしめたのは、綿々と引き継がれてきた日本の伝統ではないでしょうか。それは「大自然の摂理」を受け入れ、それに従う心と、人のために自らの生命すら与えても悔いがないというアポトーシスの精神の表れだと思われるのです。まさに日本には「大自然の摂理」に従い、それを受け入れる心と、人を助けるため自らの生命を与えてよしとする助ける心、この二つの心が働いているのです。それは大自然のサムシング・グレートから授かった人間の根本的な心としての精神性を自覚した人々を動かし、その行動をとらせたと思われるのです。

【環境破壊の状況と人間中心の考え方】

日本のこの伝統に反して、自己の利益、自国の国益のみを優先させ、相手を屈服させせようとする世界の潮流が現在の各国、各集団の対立抗争を引き起こし、核戦争のおそれさえ懸念される事態をつくり出したと言えるでしょう。

そして環境破壊の状況も深刻です。自然をどう利用するかは、人間の自由であり、勝手だと考える人間中心の考え方、これは欧米諸国を初め世界各国の共通的な理念だと思われますが、その人間本位の考え方、潮流が環境破壊の根本的原因ではないでしょうか。

それを克服して環境破壊を食い止めるには、自然は人間の管理、利用に任せられるものではなく、人間、生物の親であるサムシング・グレートが宿る聖なるもので、わたしたち人間はその大自然から生命を与えられ、生活の糧を得ている親、大恩人があることに気付くことが重要だと思うのです。そうすれば、これまでのように人間中心の身勝手な行動は取れなくなるのではないでしょうか。

【日本文明の伝統と道徳の源泉】

ここに環境破壊を止め、人間が生存するに都合のよい自然環境を保持する道が開かれると思われます。日本人はその道理を人から教えられたのではなく、自然との付き合いの生活の中から刷り込まれ、会得したと思われます。

まさに日本文明の伝統は優れた人の考え出したものではなく、自然から教えられ、刷り込まれたものであって、それを日本人が二一世紀の現代まで持ち続けてきたものと考えられます。

道徳でも、人間が考え出した道徳はいくらよさそうに見えても、必ず反対者が出現し、普遍的なものとして用いるわけにはいかないのです。人知を超えた「大自然の摂理」、サムシング・グレートを認めそれに由来する人間の生命、心の本性に従うことこそが、人間だけでなく、すべての生物の行動規範となり得る道徳の源泉になると思われるのです。

それこそが、わたしたちが考えている日本独自の道徳、さらにいえば、日本版の新たな道徳教育、すなわち「日本発の道徳教育」の誕生であることにご理解いただけたら幸いです。

2. 現代物理学と日本文明

(1) 最新の宇宙創生のシナリオ

[宇宙観の劇的変化]

二〇世紀に入って、科学者の宇宙観は劇的に変化しました。一九〇〇年頃まで、一般の人々も科学者たちも「宇宙は永遠の昔から存在していて、ほとんど変わらない」と考えていました。アルバート・アインシュタインもそうでした。

ところが一九三〇年頃から、大型望遠鏡による星の観察が可能となり、その結果、「宇宙は時間が経つにつれて、徐々に大きくふくらんでいる」と考えるようになりました。これが宇宙膨張説です。

いまでも宇宙は膨張を続けています。しかも、宇宙は加速しながら膨張しています。この発見は宇宙観を根底から変えてしまったのです。

[宇宙創造のシナリオ]

そうだとすると、時代を過去にさかのぼっていくと、一点に収斂するはずです。宇宙には今よりはるかに小さい原点があり、「宇宙はかつて超高温超高密であった」ということになります。これがビッグバン宇宙と呼ばれているのです。

最近の研究によれば、宇宙は一三七億年±（プラスマイナス）二億年前から始まり、生まれた直後一瞬で一兆×一兆×百万倍に巨大化したということになっています。

その後、宇宙は大きく様変わりし、物質の元になる素粒子が生まれました。そして、宇宙誕生から一秒経ったころには、原子の材料が出そろいました。これが、最前線の研究者が考える宇宙創造のシナリオなのです。

(2) 自然の法則における二面性

[引き合う力と反発する力の二面性]

宇宙空間には「内に向かう引力」と「外に向かって膨張する力、斥力」が働いています。特に、宇宙はいまも加速しながら膨張していますが、それを可能にする膨大なエネルギーを必要とします。そのエネルギーは暗黒エネルギーと呼ばれ、この暗黒エネルギーを発見したソール・パールマッター博士らに二〇一一年ノーベル物理学賞が与えられました。この暗黒エネルギーは宇宙全エネルギーの七三％を占めますが、その正体は不明です。

【対生成と対消滅】

現代物理学は、宇宙創生の謎に迫る一方、物質をつくる最小単位の粒子である素粒子についても多くの事実を明らかにしました。そのひとつが反物質の存在です。

すべての粒子には、性質は同じで電荷だけが反対の反粒子が存在します。たとえば、電子と陽電子の存在であり、陽子（＋）、反陽子（電荷がマイナス）や反中性子も見つかりました。そして、この物質と反物質は常に一対一で生じ、これを対生成と言い、消滅するときも一対一で対消滅する。性質が反対の素粒子が対となって生成し、また消えていくのです。

【光の二面性】

光は波の性質をもっているが、波だけではなく粒子の性質をもつことが二〇世紀に入り発見されました。光は大変小さなエネルギーを持つ粒子の集まりでもありました。したがって、その値は連続的には変化しないで、「とびとび値」になります。それだから、波のように見える光が粒子の性質をもつことになるのです。

以上見てきたような、自然の法則における二面性は、自然界の現象・出来事を相対立する二つの実在の相関によって生まれると捉える世界観、つまり「二つひとつが大自然の摂理である」

というわたしたちの研究する日本文明論の仮説に通底する哲理と親和性を有しています。

(3) 宇宙には「意志」がある　―宇宙の人間原理説―

【絶妙な定数】

宇宙物理学者らは、その研究を続けているうちに不思議な印象をもち始めました。これは、この広大で複雑な宇宙にも、そのすべての歴史を通じて貫かれた、ある種の基本原理があり、それは非常に巧妙に組み上げられている、という印象です。このことから、宇宙にはわたしたちの計り知れない「意志」のようなものがあるのではないかと、考えるようになりました。

たとえば、太陽の中心核では四個の水素原子核が融合してひとつのヘリウム核をつくります。そのとき、元の水素核質量の〇・七％がエネルギーに転換して光として放出されます。この放出するエネルギーが〇・七％でなく、〇・七一％でも〇・六九九％でも今の宇宙はできないのです。

あるいは、万有引力定数が、現在知られているより少しでも大きかったら、人間の構造自体が、いま見られるような形にならない。ずんぐりむっくりで、背が小さく、太い足で奇妙な姿になっていたでしょう。

物理定数が少しでも違っていたら、生命の誕生はあり得なかったのです。いくつかの定数が絶妙に重なって、今の世界ができているわけです。

宇宙の「人間原理」

この値は、いったい誰が決めたのか、人間ではない。宇宙にも、サムシング・グレートの働きがあったのではないでしょうか。

ロバート・ディッキーという有名な宇宙物理学者は、「宇宙の歴史を調べてみたら、知的な生命体が必ず生まれる方向に進化している」といっており、これは宇宙の「人間原理」と呼ばれています。

人間原理には、弱い、強い、究極の三つがあります。強い人間原理は「宇宙はその歴史のある段階において、生命の生成・発展の許容する幾多の性質を必然的にもつ」というものです。究極の人間原理は、「知的な情報になる何ものかが、宇宙に必ず存在し、いったん存在したら、決して消滅することはない」というものです。

宇宙意志の存在

強弱の差はありますが、宇宙をはじめ生命が、宇宙意志のようなものから生まれたという点では一致しています。宇宙意志は科学的には証明されていませんが、この考えを否定する宇宙物理学者はほとんどいません。

(4) 新しい宇宙観の誕生 —すべてのものはつながっている—

【新しい宇宙観】

ブダペストクラブの創始者で現在も総裁を務めるアーヴィン・ラズロ氏は、著書『コスモス』で新しい宇宙観を提示しています。

『コスモス』では、宇宙に存在するすべてのもの（太陽、月、星、地球、生物、分子、原子、量子…）はお互いにつながっており、しかも宇宙には、進化するための一貫性が、あまねく存在すると説かれているのです。特に興味深いのは、宇宙の始まりは、極端に秩序のとれた状態であったというくだりです。

【宇宙精神と宇宙原理】

アインシュタインも、宇宙を包括的な全体と見なし、宇宙の中には秩序や見事な調和があり、それを「宇宙精神」と呼びました。それは創造的で、あまねく行きわたる性質があると説いています。

『コスモス』は、宇宙精神や宇宙原理について詳しく語っています。宇宙とわたしたちの世界は、空間、時間、物質、エネルギーを超えて結ばれています。そのようなすべてのものを包み込んだものが、ホール・ワールド（全体世界）であると結論づけていますが、古代哲学から現在の最先端の科学的研究までの包括的知識に基づいて論じられていますから、説得力もあるのです。

この新しい世界観は、まだ仮説の段階ですが、学際的研究の成果として注目に値すると考えられます。そして、この世界観は、森羅万象をつながりとして捉えようとする、日本文明に通底する「大自然の摂理」にきわめて親和性を有していることにも気づかされます。

●主要参考文献●

・アーヴィン・ラズロ著、村上和雄監修『コスモス』講談社、二〇〇八年
・大橋力ほか「利他的遺伝子、その優越とは」『科学』vol.81、No.1、83-90頁、二〇〇一年
・桜井邦朋『宇宙には意志がある』徳間書店、二〇〇一年
・桜井邦朋『命は宇宙意志から生まれた』致知出版社、二〇一一年
・佐藤勝彦『宇宙はこうして誕生した』ウェッジ選書、二〇〇四年
・田沼靖一『死の起源―遺伝子からの問いかけ―』朝日選書、二〇〇一年
・長谷川真理子「こころの進化と文明の発達」『こころの未来』第二号、83-90頁、二〇〇九年
・マット・リドレー著、中村桂子・斉藤隆央訳『やわらかな遺伝子』紀伊國屋書店、二〇〇四年

- 村上和雄『生命の暗号—あなたの遺伝子が目覚めるとき—』サンマーク出版、一九九七年
- 村山斉『宇宙は何でできているのか』幻冬舎新書、二〇一〇年
- Kazuo Murakami: *The Devine Code of Life*, Beyond Words Publishing, Inc., U.S.A. (2004)

第一章の要約

＊地球上のあらゆる生きとし生けるものは、A、T、C、Gを含むDNAでつながっている。
＊交感神経と副交感神経、血圧上昇系と血圧降下系など、反対の働きをする調節系がペアで働いている。
＊わたしたちの身体は、たとえば、角膜は毎日、約三〇〇〇億個の細胞が死に、それと同数の細胞が誕生している。
＊全体や他の細胞を生かすために自分が死んでいく利他的に働く遺伝子が存在する。
＊生物は進化の過程で、個体レベルでも死という自己消去によって子孫に良い遺伝子を残すシステムを獲得した。
＊自己複製は、自己を保存する点で利己的であり、自己複製による増殖は生命の本質と言える。
＊あらゆる生命（細胞）がもつ自律的な死の遺伝子が、進化の過程で獲得された利他的遺伝子であり、有限不均質な地球環境において、利己的な自己増殖が陥る進化の閉塞を打破する洗練された生存戦略として、地球生命の子孫繁栄をもたらした可能性を示唆している。
＊ヒトも含め地球上の生命は、連綿とつながる命のリレーの果てに今を生きているが、そこには、

利己的な本質とともに、利他的な恩恵があったこと、また利他がもうひとつの重要な生命の本質なのである。

＊自分の利益のみを追求し、他者を裏切って食い物にしていく者は、最初は繁栄するが、その者同士でだまし合って自滅する。一方、もらって、お返しをするという集団は、繰り返しゲームを行うことで双方の利益がプラスになって、どんどん繁栄する。

＊無意識になされる利他行動は、他者への共感や配慮（思いやり）、協調、助け合いがヒトの本能として進化した。

＊ヒトは、利己的な生き方と、利他的な生き方をそれぞれにもっていて、二つのバランスをとりながら、今を生きている。

＊大脳皮質のしわの形成に関与する配列の働きは、遺伝子のオンとオフのタイミングや場所の決定にかかわる。

＊人間は遺伝子によって支配されるというより、それを使ってより進化することができ、また外的な原因による突然変異や自然淘汰されるだけの受け身の存在ではなく、能動的に自らを変え得る自由な主体的存在である。

＊人間の出自は大宇宙、大自然であり、その大自然の中にそのサムシング・グレートは存在する。

＊アポトーシスの働きに代表されるように、人体六〇兆個の細胞は対立したり抗争することなく互いに全体や周囲のため働き、ある場合には、自らの生命すら与えている。

＊ＤＮＡの遺伝情報が解読されたとしても、その極微の空間にその膨大な情報をだれが書いたのか、

未解決のまま手付かずの状態で残っている。

*自然の根底に神あるいはサムシング・グレートを想定することが縄文時代以来の日本の伝統的自然観であるが、それは、西洋文明の視点から見下して言うところの、アニミズムといわれるような未熟な一種の宗教思想では決してなく、科学説に裏づけられた真実の思想である。

*日本には「大自然の摂理」に従い、それを受け入れる心と、人を助けるため自らの生命を与えてよしとする助ける心、この二つの心が働いている。

*環境破壊を食い止めるには、自然は人間の管理、利用に任せられるものではなく、人間、生物の親であるサムシング・グレートが宿る聖なるもので、わたしたち人間はその大自然から生命を与えられ、生活の糧を得ている親、大恩人があることに気づくことが重要である。

*人知を超えた「大自然の摂理」、サムシング・グレートを認めそれに由来する人間の生命、心の本性に従うことこそが、人間だけでなく、すべての生物の行動規範となり得る道徳の源泉になる。

*自然の法則における二面性は、自然界の現象・出来事を相対立する二つの実在の相関によって生まれると捉える世界観、つまり日本文明に通底する哲理と親和性を有している。

*宇宙にはわたしたちの計り知れない「意志」のようなものがある。

*宇宙をはじめ生命が、宇宙意志のようなものから生まれた。

*宇宙に存在するすべてのもの（太陽、月、星、地球、生物、分子、原子、量子…）はお互いにつながっており、しかも宇宙には、進化するための一貫性が、あまねく存在する。

*アインシュタインも、宇宙を包括的な全体と見なし、宇宙の中には秩序や見事な調和があり、そ

れを「宇宙精神」と呼ぶ。

＊宇宙とわたしたちの世界は、空間、時間、物質、エネルギーを超えて結ばれている。そのようなすべてのものを包み込んだものが、ホール・ワールド（全体世界）である。

第二章 「大自然の摂理」に秘められた生命のすごい働き
―哲学的思索を中心に―

土居正稔

1．自然の営みを眺める

(1) ネコはネズミを捕るものか？

【ペットショップのネコ】

「ネコはネズミを捕るもの」と思っている人は大勢いると思います。だってネズミを捕まえるのはネコの本能であり、捕るのは当然と考えているからです。けれども、ペットショップで買ったネコ、あるいは家の中でばかり飼われているネコは、ほとんどネズミを捕らないようです。

その要因はいろいろ考えられますが、第一にそれらのネコたちはネズミをほとんど見たことがないようです。見たことがなければ、捕ろうとしないのは自然というものです。想像するに、そうしたネコはペットフードのような素敵な餌がいつもふんだんに与えられているのであれば、ネズミを見ても捕まえようとしないのは当たり前かも知れません。

【生家のネコ】

私の生家は農家でしたので、ネズミ駆除のため、いつもネコを飼っていました。そのネコは、ネズミはもちろんのこと、スズメなどの小鳥たち（その中にはツバメもいました）、ヘビ、トカゲ、カエル、バッタなどを捕まえてきました。その行動を観察していると昼間は家や庭でゴロゴロしているかと思えば、自分のテリトリーのパトロールに出かけます。その途中で他のネコに出会うと、烈しく争い、時には血を流して帰ってくることもありました。

夜は囲炉裏の側で、ネコは動かずにじっとしていましたが、時がくると、ネズミ狩りに出かけました。ネズミを追っかけて捕まえるのではなく、ネズミの出入口や通路をネコが知っていて、そこで一時間でも二時間でもじっと待ち伏せをしていて、出てきたところで捕まえるようでした。捕まえると、子育てをしている時には、生きたままくわえてきて、子ネコたちに与えます。すると子ネコたちは争ってネズミに飛びつきます。けれどもネズミの勢いが烈しくって彼らの手におえない場合には、親ネコはネズミを強く咬んで弱らせて、子ネコたちに与え食べさせます。

このような訓練を何回か受けると、子ネコたちはネズミの処理がすっかり上手になります。そんなわけで生家のネコは代々ネズミを捕るのが巧みでした。

〔新聞記事のネコ〕

ネコの行動についておもしろい新聞記事がありました。そのネコは「ふうた」と名づけられた小さな野良ネコでM氏の息子さんに引き取られましたが、事情があってM氏が飼うことになりました。

事件は「ふうた」がその家にやってきた日に起こりました。「ふうた」が姿を消したのです。どこを探しても見付かりません。ドアは閉めていたから外に出るはずがないので、M氏、その奥さん、その息子さんの三人で、家の中を捜しました。「ふうた」は本箱の後ろの僅か数センチの隙間に隠れていたのです。

夫婦で家を留守にする時には、「ふうた」の世話を知人に頼みますが、聞くのは「餌や水は減っているし、ネコトイレは使っているから、どこかにいると思うけど、姿は見たことがない」という忍者さながらの報告ばかりだったのです。「ふうた」のこの風変わりな行動は野良の母ネコから教わったものと思われます。「ふうた」は教わった行動をしっかり身につけ、そのまま実践していると言えるでしょう。

このように見てくると、やはりネコの行動は親ネコの影響が大きいようです。野良ネコたちは親ネコが見知らぬ人を警戒して人を見ると逃げて隠れますので、子ネコも人を見ると素早く逃げ出します。しかし飼いネコの子は親ネコが人を恐れないので、人に近付いてきて、体を擦りつけたり餌をねだったりします。

このようなネコの生き方、つまり行動の仕方は、同じ哺乳類であるヒトの場合にも大いに当てはまると考えられます。そのように考えると、人間の場合には、就学前教育の重要性は、簡単に「大自然の摂理」からも類推できるわけです。

(2) 胎児は見ている

[〇歳以前からの教育]

一九六〇年代の後半から、新しい医療技術が開発されたために、胎児を母親のお腹の中にいる状態で研究できるようになりました。その結果、胎児にも記憶や感覚があり、ビバルディーやモーツァルトを好み、母親の不安や喜びを敏感に感じ取ることが科学的に明らかになったのです。

そのことを示したT・バーニーの『胎児は見ている』は世の人々に大きな衝撃と感銘を与えた画期的な研究です。たとえば、早期教育の先駆けといわれるソニーの創立者井深大氏をして

「〇歳からの教育」を「〇歳以前からの教育」に修正させたのが同書です。

そこには、次のような記述がありました。一九三五年、バーニーが友人の別荘に遊びに行った時、迎えてくれたのはヘレンという彼の妻でしたが、彼女は妊娠六ヵ月ということもあって喜色満面でした。夕方になると彼女は一人で暖炉の前に腰かけて、やがて生まれてくる「わが子に」向かって心和む子守歌を優しく歌って聞かせていました。

この光景にいたく心を打たれた著者はヘレンの出産後、その理由を尋ねてみました。すると彼女は「お腹の中の赤ちゃんがどんなに暴れていても、子守歌を歌ってやるとおとなしくなるの」と語ってくれたのです。

【日本人の先人たちの知恵】

子どものころから、「妊婦は火事を見に行ってはならない。赤痣（あざ）ができるから」、また「葬儀には参加しないように」と聞かされてきました。それは、火事とか葬儀ということによって妊婦が精神的、肉体的に衝撃を受けるとお腹の子に悪影響を与えることを経験的に知っていた先人たちの知恵であったのです。

その事実を科学的に明らかにしてくれたのが『胎児は見ている』であったので、とても興味を惹かれました。そこで、次には『胎児は見ている』を取りあげて、その内容の一部をもう少し紹介しながら話を進めたいと思います。

【母親の胎児に及ぼす影響】

『胎児は見ている』では、パリの医学校で言語心理学を教えていたトマティス教授の経験した、自閉症にかかったオディールという四歳になる女の子の話が紹介されています。

自閉症の子どもにしばしば見られるように、オディールはものをいいません。教授が初めて会った時も、自分からしゃべりもしなかったし、話しかけても耳を傾ける素振りさえしませんでした。

ところが、治療を加えるにつれて次第に耳を傾けるようになり、一ヵ月もしないうちに人の話に耳を傾け、自分からしゃべり始めました。両親とも喜んだのは当然ですが、いささか腑に落ちない様子でした。というのはフランス語ではなく、英語で話すたびにオディールの自閉症が治っていくからです。

自分の子どもがどこで英語を覚えたのか、いくら考えても両親に思い当たる節がないのです。家では二人とも英語をしゃべらないし、トマティス教授の治療を受けるようになるまでは、どんな言葉で話しかけられても、まったく反応を示さなかったからです。また、もし仮に両親が英語で話をしていたのを聞いて片言を覚えたとしたら、オディールの兄や姉も英語を覚えているはずです。

さすがのトマティス教授も、最初は面食らったようです。ところがある日、オディールの母親から、彼女が妊娠していた間、かなりの期間にわたってパリにある貿易会社で働いており、しかもその会社では英語しか話さなかったという話を聞かされて初めて、教授は納得がいきました。

このように、言語の基礎までも体内で形成されていることに著者は意を強くしたのです。

[胎児に対する母親の「愛情」がポイント]

バーニーの扱った患者の中に、とてつもなく動揺に襲われた女性があります。この女性は妊娠してから数週間後に夫に捨てられ、絶えず経済的な問題に悩まされていただけでなく、妊娠六ヵ月になって片方の卵巣に前がん状態の嚢腫が発見されたため深刻なショックを受けました。すぐに手術で切除する必要がありましたが、そのためには胎児を中絶しなければならないと聞かされ、彼女は手術を拒みました。三十代半ばの彼女はこれが子どもを産む最後のチャンスと思ったらしく、どうしても欲しいというのです。子どものためならどんな危険も覚悟している、というのです。

結局、この女性は健康な子どもを産みましたが、その後も正常で幸福なしかも温順な子どもに成長しています。彼女の子どもは、お腹の中で母親の願望を感じ取ったのではないかと思います。

この例からもわかるように、胎児にとって母親が直面しているストレスの問題も重要ですが、一番大切なのは、自分の胎児について母親がどのように感じているかということです。母親の思考と感情が積極的で愛情にあふれていれば、その女性の子どものように、胎児は大きな困難にも耐えることができるのでしょう。

【胎児に対する夫婦の在り方の影響】

母親だけでなく、父親の胎児に与える影響も無視できません。というのは胎児に決定的な影響を与えるのは、夫と妻との関係の在り方です。

イギリスのグラスゴー大学のデリス・ストットは、胎児に及ぼす肉体的・精神的障害の最大の原因として不幸な結婚生活やしっくりしない夫と妻との関係をあげています。

また彼が一三〇〇人の子どもとその家族に行った調査によれば、いたわりに満ちた不安のない関係にある夫婦に比べ、始終いがみ合い、けんかばかりしている夫婦からは精神的ないし肉体的に障害のある子どもが生まれる確率が約二・五倍にもなると報告されています。ストットによれば、妊娠中における肉体的な病気、喫煙、非常にきつい仕事など、よく知られている原因でも、これほど胎児に危険を及ぼすことはないということです。
　また彼の調査では、幸福な結婚生活を送っている夫婦に比べ、不幸な結婚生活を送っている夫婦では、すぐに恐怖心に駆られるひ弱で神経質な子どもが生まれる率は、五倍にも達するというのです。そしてこうした子どもは幼時期になっても、なおその問題に悩まされ続けるということで、四、五歳になっても標準より体が小さかったり、臆病気味であったり、さらには精神的にみて過度に母親に依存しがちだと言えます。この調査結果にはだれでもギョッとして、夫婦の在り方の重要性に気づかされるでしょう。
　以上のような研究は、昔からいわれている胎教の重要性を科学的に検証するものであり、親たち夫婦の在り方がいかに大切かを示すものです。わたしたちが意識する、しないにかかわらず、受精からすでに子どもの教育は始まっていることを示すものと言えるでしょう。

【誕生後の教育】

　ところで胎児にとってこのような外からの影響は母親を通じてのものでしたが、誕生後は、子ども自身が直接に他からの影響を受け取りながら成長していくわけです。したがって、乳幼児期には、その子どもにどのように接すれば、よりよき健全な社会人になるか、つまりどのような道徳教育（しつけ）が望ましいか、ということが重要な課題となります。それは、きわめてわかりやすい自然の道理だと思われます。

2．道徳成立の原初に立ち返って道徳教育を見直す

(1)　日本の道徳教育の状況

【実益のない道徳教育】

道徳教育を実施するにあたって、最初に問題になるのは、どんな道徳を教えたらよいのか、また教えるべきか、ということです。これを誤るとその道徳教育はあまり実益のないものになります。

周知のように、世界には異なる多くの道徳があって、なかには互いに対立、矛盾するものも見られ、この道徳を教えたらよいといわれるような普遍的に承認されている特別の道徳は示されていません。

【徳目主義の落とし穴】

それだからといって、すでに成立している諸道徳の中からある特定の道徳を選ぶと必ず賛成者と反対者が登場してきて、意見の一致は期待できません。日本では道徳教育が必要だという

点については、おおむね国民的合意は成立しているようですが、何を教えるのかということになると意見は一致しないために、反対が少ないもっともらしい道徳的価値（徳目）が理念のないまま選ばれ、その価値を教えることが道徳教育として広く実施されてきました。そして、それらの価値は時間を経るに従って、あれもこれもと多く複雑になるばかりです。

事実、一九五八（昭和三三）年度の学習指導要領から二〇〇八（平成二〇）年度の学習指導要領に記された道徳教育の内容項目の増加傾向を見れば、そのことは明らかです。さらに言うなら、二〇一五（平成二七）年三月二七日の学習指導要領の部分改正を見ても、その増加傾向はまったく変わっていません。そのうえ、本当にそれらの諸価値の習得を通じてどんな人間を育てようとするのか、という肝心なことは曖昧なままでなされているというのが、情けないことに、日本の道徳教育の過去から現在までの姿です。これでは、いくら子どもの発達に即して教材・教具や指導法、そして評価法が工夫されても、大きな成果は期待できないでしょう。

(2) 道徳の成立の原初

【解決策の摸索】

そんな状況の中で子どもたちの生活態度はいじめや体罰などで荒れるばかりで、学校教育、道徳教育の失敗、破綻が取り沙汰されていますが、その出口、解決策は見出しにくく、教育問題の核心である道徳教育は、藪の中、混迷を深めるばかりです。一九五八（昭和三三）年度の学習指導要領に基づいて、「道徳の時間」が特設されて間もなく六〇年になろうとしていますが、大きな成果があげられなかったことは、日本の今の大人や青少年にインタビューをすれば明らかになるでしょう。それにもかかわらず、「道徳の時間」が「道徳科」に変更されれば、道徳教育関係者の多くは、劇的に道徳教育や道徳授業が実質化され、質的に改善されると期待しているのですから、根拠のない困った風潮が道徳教育関係者の中で漂っています。

第二次安倍内閣は、教育改革を主要な政策のひとつとして徳育の充実を取りあげました。その点はもちろん高く評価されるべきですが、その前途は決して楽観を許しません。というのは、今の日本の道徳教育関係者の世界では、道徳教育の芯になる哲理がまったく考えられていないために、中身のないハウツーの改良にしか行き着かないからです。

【道徳の成立の原初に立ち返る】

このような実状を踏まえるならば、すでに成立している道徳や徳目を安易に選ぶのではなく、道徳はどうあるべきか、ということを道徳成立の原初に立ち返って検討することがとても重要で、必要不可欠な作業になります。そのような作業を放棄して、道徳教育の目標や内容を不問にして、宗教的・文化的基盤を異にしたアメリカの心理学の技法に注目し、それを下敷きにした指導方法の改善に終始している姿は、とても的を射た日本の道徳教育の改革にはつながらないでしょう。

そこで、以下では、教えるべき道徳はこれなのだという確かな根拠を示すとともに、たとえ不十分であっても、いくつかの具体案の方向性を何としても絞り出し、これから提示したいと考えています。

(3) 道徳を検討するに当たって、欠くべからざる二つの要因

【二つの要因とは何か】

道徳を考えるうえで、是非とも必要な二つの要因ないしは視野があると思います。そのひとつは、道徳を考え創生した人間そのものであり、他はその人間を生み出し、その生存を支えている自然です。特に、普通一般の道徳観では、後者の点が見落とされがちです。したがって、以下では、人間そのものに目を向けることも大切にしながら、それを取り巻く自然もあわせて考慮していくことにします。

【人間そのものに目を向ける①：道徳と人間】

一般的な言い方をすれば、「ある行動は望ましく大いに奨励すべきものだが、この行動は本人

や社会の害悪になるだけで、なんの意義もないとして、抑制、あるいは禁止されるべきものだ」というように、人間行動の原則、規範を示すのが道徳と考えられています。

たとえば、人通りや車の多い信号のある場所では、人々が信号に従って交通規則を守ることはよいと認められますが、その反対に規則を守らず、自分勝手な行動をとると、交通規則違反として咎められ、責任を取らされることがあります。

このように、道徳は広くは法律をも含むものとして、人間行動の規範、原則を示すものとされ、それは人間自身に根差す人間に関する教えともいえるでしょう。

【人間そのものに目を向ける ②：道徳と拝金主義】

いくらよいといわれることでも、人間の本性に合致しないものは、それを守り、ずっと実践することは困難です。また、一般に「望ましくない」、あるいは「悪だ」といわれているような行動でも、それが人間の奥深い欲求に基づくものであれば、それを禁止しても、なかなか根絶できません。ここに道徳実践の困難さが見られ、人々を困惑させてしまいます。

だから道徳の原則、規範設定に当たっては前提的に人間そのものの探究が求められます。別言すれば、人間をどのような存在と考えるかによって設定される道徳、その規範は大きく変わることになるからです。

たとえば、人間存在の中核となるものを身体と考え、その欲求を満たそうとすることに刃向かえないのが人間の性《さが》だとしますと、その肉体的要求を満たし、衣・食・住に関して快適な生活をしようとすれば、当然ながらお金がかかるのですから、人間はお金なしで生活はできません。その結果、何よりもお金、経済を第一とすることが当然とされ、お金のためには何でもありという拝金主義がはびこりがちです。

現在の日本社会では、このような拝金主義がどのような階層をも問わず蔓延して、さまざまな社会現象を生み出し、その結果、お金がらみの事件は後を絶ちません。拝金主義は個人の生き方や道徳だけの問題ではなく、国家の行動にも深く関係しています。その意味では、「経済の再生」も、景気が良くなって十分にお金も物も出廻り、人々の物的生活の向上、豊かさを求めようとする欲求に応えようとしたものであり、詰まるところ、お金がらみの政策に属するものですから、道徳に直接的によい影響を与えるものではないでしょう。

【人間そのものに目を向ける ③：人間存在と心、精神】

このような社会の潮流に対して、人間の人間たる元は心にあると考えて、その欲求に応えようとするのが、人間の本来的、根本的生き方だとする考え方もあります。

心、あるいは精神と言われるものは身体や物質とは違ってそれ自身は目に見えるものではありません。その目に見えないものは、身体は滅んでも死なない不死と考え、その欲求に耳を傾け生活しようとする場合もあります。実際に、心、あるいは精神は真・善・美を求め、さらには神を求め、神との交渉の中に、至上の喜びと満足を感じて世俗の生活を避けて、聖なる宗教活動に生涯を捧げる人もいます。

このような人々は、どちらかと言うとマイノリティですが、人類の恩人といわれる人の多くはこのような人間の心、精神性を重視する人々の中に見られ、彼らは常識ではとても考えられないような独創的で創造性に満ちた業績や作品を残し、後世の人々に、広くまた深い影響を与えています。釈尊やキリストのさまざまな教えをはじめ、ベートーベンやモーツァルトなどの作品を思い出せば、その影響の大きさは社会的に明らかです。

いずれにしても、世界や人間をどう考えるかによって、人々の生き方、価値観、道徳観が大きく変わることははっきりしています。

【自然とのかかわり方から検討する①：自然との関係】

前述したように、人間とのかかわりで道徳を考えることは必要であり、当然だとしましても、それだけでは十分ではありません。論理、数理の言葉を使えば、人間との関係を考慮することはもちろん「必要条件」であっても、決して「十分条件」ではないということです。

「人間は社会的動物である」と言われるように、人間は社会とのかかわりの中で生活していますが、それだけでなく、自然との関係で生存が可能であり、自然とのかかわりがなければ生きていけません。したがって、自然との関係は社会的な人間関係以上に、とても大切な必須な条件です。ところが、その点が道徳教育研究の中で意外と見落とされがちです。

人間は自然の中に誕生し、生きていくのに必要な食べ物や水、空気などの物質、エネルギー、生活の場所など、自然の一部が与えられているように、自然の恵み、恩恵を受けることなくしては生存できません。身体をもつ限り、自然を離れ、自然から独立し孤立して生きるすべはないのです。人間にとって自然は母親のようなもので、誕生後もずっと自然内で生活し暮らしていきます。その意味では、人間は「自然の子」なのです。

二〇世紀の有名なドイツの哲学者ハイデッガーが述べたように、人間は、「In-der-Welt-Sein（世界内存在）」です。その世界の基盤は言うまでもなく、自然に他なりません。

それですから、人間が生きていくのに、自然とのかかわり、付き合い方がどれほど大切であるかが理解できると思います。

【自然とのかかわり方から検討する②：人間中心主義の環境破壊】

しかしそうであるのに、人類は有史以来、あまり上手に自然と付き合ってきたとはいえないようです。というのは、人間の行動が、地球の温暖化、熱帯雨林の激減、砂漠化、極地のツンドラ地帯の破壊、海面水位の上昇、異常気象の多発、生態系の異常などの環境破壊を引き起こしています。そのため多くの識者が指摘するように、私たちの住む地球惑星そのものが私たち人類の住みにくい星に変貌していく兆候が見られるからです。その結果、現在、人類はこのような環境破壊の軽減に苦慮しています。

このような状況を考えてみますと、人類は万物の霊長と自負していますが、自分たちを支えている大切な自然を損ない、自分で自分の首を絞めるような、勝手気ままな行動をとり、なおかつ経済活性化という名のもとに各国政府はそれを続けようとしています。しかし、これは目前の豊かさの追求に目のくらんだ行動であり、中長期的に見れば、末永く人類の幸せを約束するものではなく、賢明な政策だとはいえません。

このようになったのは、自然の恩恵を受けながら人間が生活できてきたにもかかわらず、これまでその自然を軽視あるいは無視して、人類の都合、それも目前の都合だけを考慮してきたからでしょう。そうした人間の行動の基盤には、人間中心主義の考え方が横たわっているように思われます。

また、自然を意志のあるものとして捉えてみると、今の状況は自然が人間の環境破壊という行動に対し牙をむいていると言えるでしょう。それはある意味で人類のこれまでの行動に対し、自然がそのやり方を変えるよう人類に反省を求め、適切な行動をとることを要請しているのだともいえるのではないでしょうか。

とにかく人類は、この自然の要請に応え環境破壊を自粛しなければ、環境破壊は進行するばかりで人類の明日は期待できないと思われます。ですから人間行動の規範を示す道徳についても、人間だけのことを考えるのは必要であっても十分ではなく、さらに、自然とのかかわりを考え、その視点から道徳を見直すことは当然であり、人類の末永き繁栄を実現するためには必須の条件であることを、人間は認めなければならないと考えます。なぜなら、人間は、まわりの自然と共生していかねばならない「自然の子」なのですから。

そのような理由から、ここでは、人間と自然との両要因を踏まえ、それらとのかかわりで道徳をその成立の原初に立ち返って新たに見直そうとしているのです。

(4) 生命に注目する理由

[生命それ自身の働き]

さて、人間と自然という二つの要因を視野に入れ、それに基づいて道徳を構築しようとすると、そこに生命それ自身の働きが注目されなければなりません。

なぜ生命に注目したかと言えば、そのひとつは、生命は人間存在を形成し支えて、人間存在を左右するものとして、一人ひとりの人間にとって肝心要《かなめ》のものといえると思うからです。
また、他のひとつは、「人類」と言われる種はおよそ四〇億年前に地球に出現した最初の生命体から派生してきたのであり、人間の出自は自然であり、人間のもつ存在性格のすべては原理的には自然に由来すると考えられるからです。
以下では、それら二つの点について順に説明しましょう。

【生命の働きと人間存在】

第一の点について少し具体的に述べると、生命は外から食べ物や水、空気などを取り入れ、その異化作用によって、取り入れた物質に内含されているエネルギーを生命体が利用できる化学的エネルギーに変換して、身体活動を可能にします。

そして同化作用によって、生命は取り入れた物質を消化、分解して自分の身体に作り変え、個体を形成、維持させますが、それだけでなく、子どもを産み、種を維持します。さらに、生命は意識を成立させ、意識を創り出します。つまり、生命は、色や形、音、匂い、味、硬さ、軟らかさ、熱さ、冷たさなどのいわゆる五感に基づく感覚内容、そして判断内容、嬉しい悲しいなどの感情内容など、すべての意識内容を創生するのです。

前述した身体状態や意識状態を可能にするものは、すべて生命の働きによるものとされ、生命を失えば、意識内容は一瞬にして無に帰し、再び意識が甦ることはありません。そして生命の働かない身体は分解、崩壊して元の自然に戻るだけです。このように身体を形成し意識成立の元となる生命は、道徳をはじめ文明を創生したものとみなされると思われるのですが、どうでしょうか。

このようなわけで、生命は身体をもち、意識し、文明を創る人間存在の核心となるもの、つまり人間の要石《かなめいし》であることは明らかだと思われます。

人間は「自然の子」

第二に私たちの生命が四〇億年ほど前に地球上に最初に出現した生命体から分かれ派生してきたものであり、最初の生命体を私たちの先祖、親と見なすことができます。この点については生命科学の精緻な知見が明らかにしています。そして、この最初に出現した生命体は、自然宇宙から生まれ誕生した限り、その性質はすべて自然に由来するものであって、自然に根差さない性質をもつとは到底考えられないと思われます。まさに、その意味でも、人間は「自然の子」なのです。

ですから、その最初の生命体から生命を分け与えられた私たちの生命も「自然の子」であり、そこには「大自然の摂理」がそのまま働いているといえます。したがって、生命の働きに従うことは人間の人間たる要、その本性に従うことであると同時に、「大自然の摂理」に従うことを意味します。まさにその生命の働きに則ることは、自然と人間との両者を貫くその摂理に則ることを示しているわけです。

そのように考えてくると、「生命の働きに基づき、それに則った道徳」は、人間の本性を満足させるだけでなく、同時に「大自然の摂理」に則って順応するものですし、しかも自然内で生存する以外の生き方を選択できない人間のよりよき自然内での生活の末長き持続性を保障するものとして、とてもすぐれた内実を具備したものといえるのではないでしょうか。

【生命の働きと徳目】

このような「生命の働きに基づき、それに則った道徳」、つまり「生命の働きに則った道徳」は、人間の本性を満足させるものですから、人間にとって最も実践しやすいという特質を備えたものです。まさに、その道徳は人間に「二本足で行動しなさい」というようなもので、一般に健常な人はその二本足で行動することが最も自然で楽な行動ですから、いわれなくてもその通りに二本足を使って行動するようなものです。

そのうえ、生命は自分の身体内で働いていますので、その働きを知ろうとすれば、他のものをいろいろ検討する必要はなく、自らの生命の働きを顧み、その働き、本性を見取ればよいわけで、行動のお手本はすぐ身近にあります。

それですから、道徳教育では生命の働きに着眼して、そこから道徳の原則、規範を正しく見取り、それを子どもに教えればよいわけです。したがって、賢者、聖者の教えやそれに示された道徳的価値は、参考にするのは差し支えありませんが、それに絶対的に依存する必要はありません。

むしろその賢者の教えを生命の働きから見取ったこの道徳の原則に照らして検討し、その意義や是非を吟味し価値づけすることも、重要な作業ではないかと思われます。そこでの決め手は、生命の働きそのものであり、それが先行してはじめて賢者の教えの価値が生命の働きによって十分であるか否かが評価されることになります。

以上のことから、ここに「大自然の摂理」に則った道徳、換言すれば、「生命の働きに則った道徳」を、これからの新たな道徳教育の中心に据えるべきではないかと、わたしは主張したいのです。

3．生命の働きに則った新たな道徳教育

(1) 身体に見取られる生命の働き

【細胞の活動】

さて成人の身体はおよそ六〇兆個の細胞からできており、それら細胞の一つひとつが生物のように自由に活動しているといわれます。科学の教えるところでは毎秒五〇〇〇万個の細胞が死滅し、新たに五〇〇〇万個の幼細胞が誕生します。五日ごとに私たちの胃壁は作り替えられ、肝臓は三ヵ月ごとに新しくなります。皮膚は六週間で交替します。また、身体を構成している原子は一年間でその九八%が交替するそうです。

脳の神経細胞のように一生交替しないと言われる細胞もありますが、しかしその細胞を構成している原子、分子は絶えず交替しているために、実質的にはその神経細胞も日々新たになっているといえます。つまり、わたしたちの身体内では意識していなくても、既述したような激烈な生死のドラマが日々展開されています。このような変動きわまりない身体が長く個体や種を維持しているのは、よく考えてみると不思議であり、奇蹟であり、驚くべきことなのです。

【身体の働き】

そしてその身体は巧妙でとても都合よくできています。重い脳をつけた細長い胴体はなかなかバランスが取りにくいですが、人間はその胴体を二本の足で支えるばかりか、巧みに自由に動かします。フィギュアスケートや体操の選手たちに見られる華麗な演技は、見事で美しくただ驚くばかりです。これを機械にやらせようとするとたいへんでしょう。

また、摂氏四〇度近い猛暑が続いても、また激しい運動で大量の熱が発生しても、逆に零下何十度の酷寒でも、人間は三六度から三七度の体温を恒常的に維持できます。

さらにいうと、私たち人間は病原菌などさまざまな有害物質つまり多種多様な抗原に囲まれる生活を余儀なくされています。その場合、それに対抗するにはどれほどの抗体タンパク質を作る用意が必要かといえば、専門家は何と百億種類以上の抗体を作る能力を備えていないと、多様な抗原の侵入に対応できないと述べています。ところでその抗体タンパク質をつくる遺伝子の数はわずか三万足らずです。そこには、百億と三万という差があります。どうやってわずか数万の遺伝子で百億種類以上の抗体がつくれるのでしょうか。これが「GOD(Generation of Diversity)の秘密」と言われる免疫上最大の謎でした。

しかしその謎がどのように解明されるか否かに関係なく、わたしたちの免疫系は実際にそれをクリアして私たちを抗原から守ってくれています。その結果、わたしたちは、病原の巣のような環境下で暮らしていても、何億年間も比較的健康な生活が可能になっています。そのような身体の働きにはただ脱帽するほかありません。

〔脳の働き〕

人体の中で、とりわけすごいのが脳です。脳は前述した身体の働きだけではなく、すべての身体機能を支配しています。食べる、寝る、排泄するなどの、もっとも基本的な行動を制御しカバーしていますが、それだけではなく人間のもっとも進化した働き、たとえば言葉、宗教、学問、道徳、美術、音楽、文学などの文明を創り出すことも脳の働きを待って、初めて可能になります。

脳の神経細胞は八六〇億を超すといわれています。それらの神経細胞の一つひとつが神経突起を出してほかの神経細胞との間に接触部位シナプス（実際は接触しておらず、僅かの隙間のあることがわかっている）をつくっています。その総計は数百兆、数千兆にも及び、とても勘定ができない天文学的な数です。それは果てしなく大きい大宇宙の星の数に匹敵できるほどです。

天文学上の知見によると、太陽系は太陽という恒星を中心に地球、火星、水星、木星、金星、土星、海王星、天王星など八個の惑星と月などの多数の衛星、小惑星、流星、彗星からできており、その直径はおよそ一五〇億キロに及ぶ大きなものです。その中心に輝く太陽は直径一四〇万キロのガス球です。冥王星は太陽の周りを回っていますが惑星ではないとされています。

太陽系の属す天の川銀河系は、太陽のような恒星が約二〇〇〇億個、円盤状に集まってその直径は一〇万光年あるといわれています。「一〇万光年」（注：一光年とは秒速三〇万キロの光が到着するのに一年かかる距離を表したもので、一〇万光年とはその光速で一〇万年かかる距離を示しています）と一口でいいますが、人生およそ八〇年としますと光速で移動しても一二五〇回も生まれ変わらなければ通過できない距離で、ほとんどイメージできないほど巨大なものです。

しかし、この銀河系も宇宙のすべてではありません。この銀河系の遥か彼方に、太陽のような恒星が一〇〇〇億個から二〇〇〇億個の星の集団である別の銀河が存在しています。それらの銀河が宇宙空間のどの方向にも均等に分布しているそうです。その銀河の数はこれまた二〇〇〇億個以上あると推定されているのです。

このような果てしなく巨大な銀河宇宙の星の数にも匹敵するシナプスをもつ微細な構造の脳の働きは、玄妙でまだまだ謎に包まれています。

このように一瞥《いちべつ》しただけでも、脳を含む人体の働きの素晴らしさ、すごさが理解できるでしょう。このように身体の働きが絶妙ですごければすごいほどその身体を創り上げたものの働きの偉大さ素晴らしさは、創られた身体の偉大さを遥かに超えるものであることはいうまでもありません。

［生命の働き］

それを超えるものが生命です。宇宙、大自然の摂理に根をもつ私たちの生命の働きがその素晴らしい身体を創り、身体の絶妙な働きを可能にしているのです。

このようなすごい生命の働きに準拠することは、何よりも重要です。ですから、私は生命の働きに準拠した道徳、さらに言えば道徳教育を構築すべきだと主張しています。したがって、既述したように、賢者、聖者の教えやそれに示された徳目を参考にするのは差し支えありませんが、それに依存する必要は全くないのです。つまり、道徳教育の基底に据える原理は、生命の働き、言い換えれば「大自然の摂理」だと考えるのです。

では、その生命の働きはどうなっているのでしょうか。

(2) 生命に見られる重要な二つの働き

［二つの生命の働き］

生命の働きは大別して二つに分けることができます。ひとつは主体的・能動的に他者に対応する働き方です。他のひとつは他者からの働きかけや内外の環境の変化に直面してそれに順応し、対応する働きかけ、つまり受動的な働き方です。この二つの働き方を順次検討してみましょう。この場合、生命の働き方はいろいろ考えられますが、ここでは能動的な働き方はアポトーシスに、受動的な働き方は生物時計（体内時計）にしぼって検討したいと思います。

【生命の主体的・能動的な「火」のような働きとしてのアポトーシス】

細胞の集団である器官もよく見ると、自己のためというより、他者と協調しながら他者や全体のために貢献する働きをしていることに気づかされます。その実例をアポトーシスの働きに見ることができます。

火傷《やけど》した細胞は壊死し、また寿命が尽きた細胞は自然死します。このような壊死でもなく、自然死でもなく、細胞自らが死のプログラムを発動させて主体的・能動的に自死するという現象が見られ注目されています。これが「アポトーシス」という現象です。

たとえば、オタマジャクシがカエルになる場合、尾が失われるのは、尾をつくっている細胞が自ら遺伝的な死のプログラムを発動させて死んでいくからです。落葉樹が秋に葉を落とすのは風などの外力のせいではなく、葉を支えている葉柄の細胞がアポトーシスのため自死するからだということがわかっています。その際、葉に含まれた栄養分はすべて樹木本体の方へ移動しているために、葉には養分は残っていません。それで落ち葉は虫も他の動物も食べません。

ここにも生命の見事な摂理が見られます。

劇的なアポトーシスの例は、蝶や蛾の幼虫が成虫の蝶や蛾に変身する場合です。ノロノロと這い廻っていたオオカバマダラの幼虫が蛹《さなぎ》の中で衣替えをして、時速三〇キロメートルあまり飛べる蝶に変身します。蛹の中では幼虫の肢も口も筋肉も分解され、そこから幼虫とは似ても似つかぬ蝶がつくり出されます。この幼虫体の破壊において、細胞のアポトーシスが遂行されますが、成体（蝶）の形成においても、最初から出来上がりの形になっているのではなく、まず初めにおおざっぱな形がつくられ、その外側の不要な部分の細胞がアポトーシスし、切り取られます。このようにして体型が仕上げられると言われます。しかも、蛹に含まれていた成分要素はすべて蝶の成分に使われ、余分なものとして捨てられるものはひとつもありません。効率的で見事な変身（変態）です。

【人体にも見られるアポトーシスの原理】

このような身体のつくり方は人体にも見られます。わたしたちの手の発生の場合、丸い芋状の組織の中に五個の指骨が形成されていきますが、そのうち指骨間の細胞がアポトーシスで死んでゆき、五本の指が形成されるのです。

男女の性別は受精の際に決まるとされています。ヒトの染色体二三対のうち一対だけが男と女では違い、男はXY、女はXXの対になっています。しかしこの「男」が男として生まれるかどうかは、X染色体があるだけでは十分ではありません。

男性生殖器の輸精管の大もとになるウォルフ管は男性ホルモンのテストテロンの分泌の影響で発達しますが、その場合、女性生殖器の輸卵管の大もとであるミュラー管がアポトーシスによって退縮するという過程が絶対に必要です。ミュラー管の細胞が死ぬという過程がなければ、男性生殖器は完成しません。それに対し、ミュラー管の方は、ウォルフ管が死ななくても自然に発生して輸卵管をつくりますので、ミュラー管にアポトーシスが起こらなければ、人間はみんな女性、あるいは両性具有者になってしまいます。

このように、自ら死のプログラムを発動させて自死するアポトーシスの働きが生物体形成にとってどれほど大切なものかということが理解されると思います。これは、喩えていえば、「火」が自ら燃焼して熱や温みを他に与え、その他者の働きを活性化させる働きをして、自らは無に帰すのと同じ働きをしていることに匹敵すると考えられます。まさに生命の能動的な営みは、自らを他者、全体のために与え尽くし、助けるために自らの生命すら喜んで犠牲にするという「火」のような働きをその本性としているのです。

アポトーシスに代表される「火」のような生命の働きのお陰で、人体は数々の病原菌や諸々の有害な環境変化にも見事に対応できていることを知り、それを可能にしている生命の働きにわたしたちは感謝する道理があると思いますが、どうでしょうか。

〔身体内外の環境変化に順応する生命の受動的な「水」のような働きとしての時計機構〕

私たちが激しい運動をするとき、大量の熱が発生します。その熱を直ちに発散しないと、身体のタンパク質のあるものはゆで卵のように固まってしまうでしょう。そして体温は急激に上昇して熱中症のような状態を呈することになります。しかし、そうならないように、身体は大量の汗を出し、皮膚血管を拡張させたりして、体内の熱を直ちに発散させ、危機を防ぎます。

ですから、私たちは夏の摂氏四〇度近くの猛暑でも、反対に零下数十度の酷寒の中でも三六度から三七度の体温を維持して生活できます。それは汗を出したり、皮膚血管を拡張、肥大させ熱を発散させたり、あるいは寒い時には反対に血管を収縮して熱の発散を少なくし、あるいはガタガタと身体を震わせたりして、熱を発生させて寒さをしのぐからです。

いつもは平地で暮らしている人間が高地に行くと気圧の低下により、酸素不足から高山病になることがあります。しかし身体はその新しい環境に順応して、だれもがすぐに高地に慣れます。高地で気圧が低下すると、身体は赤血球を増やし外気から酸素を多く取り入れることができるようになります。二、三週間もすると、人間は平地の場合と同じように、活発に歩き、走り、運動できるようになります。

また、身体はこのような現在の状況に止まらず、将来起こるであろう状況にも順応し対処できます。たとえば、甲状腺の半分が除去されると、残った部分は肥大します。普通身体が常時必要とする以上に肥大すると言われます。そして同じように腎臓のひとつを摘出しますと、尿の分泌などのためには残った健全な腎臓のひとつだけでも十分間に合うのに、残った腎臓は肥大します。

これらの現象は身体が将来起こるかも知れない不測の事態に備えて、それに対応して自己維持を可能にするための準備だと考えられています。また、それとは別に、日頃からそのような自己維持をつねに可能にする装置が身体に組み込まれています。それは、いつも体内で作動し続けている生物時計といわれるものです。

【生体に見られる生物時計】

冬が去り春を迎えると草木は一斉に芽を出し枝葉を伸ばして生長し花を咲かせます。白鳥や鶴などの渡り鳥は北へ旅立ちます。代わりにコイやフナなどは深みから出て浅瀬や水田へと移動し産卵します。小鳥たちや南から戻ってきたツバメたちは巣作りをし、子育てに励みます。夏が過ぎて秋が近づくと草木は生長を止めて実を稔らせ、果実は熟します。そして木々は紅葉して、やがて葉を落として冬に備えます。子育てを終えたツバメたちは成長した子ツバメと一緒に南方へと去って行き、それと入れ代わりに、白鳥たちが北から戻ってきます。

このように生物の活動は、一定の周期をもって繰り返されます。このリズムはバイオリズム（生物リズム）と言われますが、これは右に述べたような一年のリズム（概年性リズム）だけではなく、一日二四時間のリズム（概日性リズム）もあります。たとえば、ゴキブリやコウモリなど夜行性動物は夜間、活発に動き廻ります。反対に蝶やトンボなどは昼間盛んに活動しますが、夜間はじっと休息を取っています。

人間の睡眠や目覚め、血圧、呼吸、脈拍数や白血球の数もおよそ二四時間のリズムで変動しています。また女性の生理周期のように月齢周期と一致するリズムも見られます。

このような生物のリズムを生み出す元になっているものは何でしょうか。それはリズムに従って行動するように指令する時計が生体にあるからです。この時計は、「体内時計」あるいは「生物時計」と呼ばれています。

【原初的な単細胞生物にもある生物時計】

生物時計はヒトのような高等な生物だけでなく、原初的な単細胞生物もその時計を備えていることが知られています。生物時計の権威であるジョン・D・パーマはミドリムシの興味ある行動を報告しています。

ミドリムシは体長が〇・一三ミリメートル程の微小な植物兼動物の単細胞生物であり、普通の植物のように光合成することもできます。同時に「消化道」という口をもち、自分より小さな生物を呑み込みます。そしてミドリムシは泥土の中を這って移動します。満潮時にはミドリムシは流されないように、泥の中に身を隠します。潮が引くと泥土の上にのぼり、その表面で光合成のため日光浴をする。潮が戻り水位が上がり始める一瞬前に、ミドリムシは再び泥土の地下世界に身を隠すのです。

このようにミドリムシは泥の中を潮の満ち干に合わせて規則正しく上下垂直運動しています。ミドリムシが体内に生物時計をもち、それに従って行動していることは、採取してきたミドリムシを潮の満ち干とは関係のない実験室にもってきても、彼らが以前と同じように上下運動することからわかっています。

【生物時計と地球】

このように地球上の諸生物はそれぞれ体内に生物時計をもち、その刻むリズムに従って同じパターンの活動を繰り返します。ところがその生物時計自身は、諸天体の運動に合わせてリズムを生み出していることが専門家の研究から明らかになっています。

人間の場合、脳内奥深く、視床下部に「視交叉上核《しこうさじょうかく》」と呼ばれる神経の塊がありますが、それが時計と呼ばれるものです。それは左右の網膜から出た神経が脳内で交差する真上にありますので、視交叉上核と呼ばれています。視交叉上核の特徴は何よりもセロトニンというホルモンを大量に含んでいることです。このセロトニンが一日の間に周期的に増減することが時計のリズムの基礎になっているそうです。

このように光の受容に同調する視交叉上核の働きが元になって一日二四時間の体内リズムが生じるわけです。大部分の植物では一日の昼と夜の長さの割合によって開花時期が左右されることがわかっています。それは鳥類の繁殖についても、また昆虫類や哺乳動物の繁殖と成長の一定の局面についても言えると専門家は指摘しています。

人間をはじめ多くの生物がこのような時計機構をつくり上げ、そのリズムに従って体をコントロールしますが、その元になっているのは、すでに指摘したように地球の自転がつくり出す昼夜を分ける光の受容だと考えられています。その機構は生物体発生以来数十億年、数千万年の長い年月をかけて、地球の自転に同調してつくり上げられたもので、体の生理状態を左右するとても大事な機構であることが実証的に明らかにされています。

【生物時計と月】

サンゴもウミガメも満月の夜、産卵します。またカリフォルニアのトウゴロウイワシは満月か新月直後の晩だけに産卵します。月が欠け始めるや、ヨーロッパウナギはサルガッソー海の産卵場へと移動するといわれています。

海の生物だけでなく、人間の出産も月との関係が知られているようです。我が国でも満月の夜の出産が多いことから、ある地方では満月のことを「産婆の提灯」と呼んで、産婆（助産師）さんの忙しいことを言い表しています。もちろん現在のような陣痛促進剤などのない自然分娩主流の時代のことです。

リーバーは『月の魔力』で、いろいろ面白い例を紹介しています。たとえば、ガスマンとオズワルドらは、女性の生理の始まるのは、満月や新月に多いことを統計的に示しています。メナカらは、多くのデータを用い、生理のサイクルを調べ、その平均値が月齢の一ヵ月とほぼ同じであるどころか、何とまったく同じで二九・五日であることを統計的に示しました。

またメナカらは人間の妊娠期間を調べるために、何と二五万回の出産記録を調べ、妊娠期間はぴったり月齢の九ヵ月：二六五・八日であることを確かめたのです。それで彼らは、人間の生殖は太陽標準時よりも月齢に従う、と結論しています。このように、月齢は、生理開始日、生理周期、妊娠期間、出産日、これらすべて月の運行と深い関係のあることを強く示唆しています。これはとても偶然とは思えません。

もちろん、セックスや妊娠に関して、人々は個人の自由な発意に基づく行動がもっとも重要な条件であって、月や太陽などの運行などほとんど意識にのぼることなく自由に行動しているようです。けれどもそれは表面的な見かけのことであり、性行動、性現象の根本には前述の事例などからもわかるように、人間の計らいを超えた自然の深い摂理も働いていることが示唆されています。

とにかく人体には地球の自転により変化する太陽光線の受け取りに基づく体内リズムだけでなく、月の運行に基づきそれに同調するリズムが働いていることを認めざるを得ないのではないでしょうか。統計的に言えば、生命の働く身体は太陽や地球、月などの天体とひとつになってそれらと同期する働きをもっていると思われます。その具体的な現れが太陽光線の受け取りに基づく体内生理機構の変化であり、また月齢に従うとされる生理開始日、生理周期、妊娠期間、出産日などに明示されていると言えるでしょう。そしてこれらは、いずれも人間だけでなく地球上の生命体一般に妥当する普遍的なことだ、と考えてよいと思われるのです。

【自然の摂理に合致する体内リズム】

これに反する行動は自然の摂理に反するものですから、自然の摂理の支配する自然界から排除されて、自然の中で生きていくことが不可能だとされる結果を招くことになると思われます。というのは、自然内でしか生存できない生物は、その大自然の摂理の支配を受け、その摂理に従う以外によりよく生きる道は見出し得ないだろうからです。

林博史の『体内リズムの秘密』の中で、官有謀《かんゆうぼう》氏の経験が紹介されています。彼がハワイの海岸で打ち寄せる波を見ていた時のことです。その回数を計ってみると、一分間に一八回だった。彼はこれを地球のリズムだと考えたのです。ところが一八という数は人間の一分間の呼吸する回数とほぼ同じであることにすぐに気づいたのです。そして一八の倍数は三六で体温、三六の倍数が七二で心拍数、七二の倍数が一四四で血圧と連想したと言います。確かにほぼ妥当な数値と言えます。私たちの生理機構がこの数値の中に収まっていれば身体は健全なよいリズムで動いていると言えるでしょう。

官有謀氏の言葉からもわかるように、自然の運行、摂理に合致する体内リズムこそが大切で、それを外れるとさまざまな異常が身体に生じてきます。そのリズムを司っているのが、さきに見たように生物時計（体内時計）です。生物時計の重要さはそのリズムをつくり出す太陽や地球、月などの運行に従うことの重要性を教えるものであり、改めて自然に同調、調和することが、人間のよりよき生き方、健康の基本であることを思い知らされるのです。

「水は方円の器に従う」と言われるように「水」は与えられた器に、以前の状態はどうあろうともそのまま新しい器に順応します。「水」と同じく生命は与えられた環境にそのまま同調、同期する素直な働きによって環境との差異を察知し、それに対応する身体の動きを可能にしています。

ここに生命の働き方のひとつである環境の変化に対応する受動的な働き方があり、それは「水」のような素直な働き方であると規定することができると思います。

すでに述べた「火」のごとき働きと、前述した「水」のごとき働き、この二つの働きが、ひとつは生命の能動的な働き、もうひとつは生命の受動的な働きとみなされます。わたしは、この対照的な二つの根本的な働きが生命を創出していること、少し難解な言い方をすれば「二つひとつが大自然の摂理である」ことに注目して、そこにこそ道徳の拠り所を求めるべきだと考えます。

(3) 新しい道徳の内実

【健康①：活発な生命の働き】

さて生命の働きに注目し、その生命の働きに基づくこの新たな道徳は、生命が身体形成や文明形成の要石となりますから、人間の健康面と深くかかわることになります。病原菌やその他有害物質に囲まれて生活している人間が、よりよく生きていくためには健康であることが第一に求められています。二〇一三年には、日本人の平均寿命は男性八〇・二一歳、女性八六・六一歳（二年連続世界一）で、いずれも過去最高を更新し、平均寿命が八〇歳を超えた私たち日本人が、切実に求めているのはその健康です。

食べたい物が自由に食べられ、行きたいところはどこでも行ける、そんな自由な行動ができることが求められているのです。それを実現するためには、加齢により年はとっても、いつまでも身体が弱らず、若い人と同じように身体が使えること、つまり「生涯現役」が理想とされます。それには生命の働きが若い人と同じように活発であることが必要とされます。

他者・全体を助けることが生命の働きの特徴だとするなら、生命の働きが活発であることは、身体各部がその働きをしていることであって、どの部分もその働きをしていれば、どこにも故障や障害はなく、いつまでも身体各部が具合よく働き、使えるわけです。

【健康②：人を助ける働きに喜びを感じる】

それが加齢とともに、また若い人でも、どこか痛い、どこかが十分働かないといったことが起こり、健康が損なわれ病院通いが日課になります。加齢に伴って身体が衰えるのはある意味で避けられませんが、それも各人の生き様に大きく関係し個人差のあることは、がんや糖尿病、脳梗塞、心筋梗塞、高血圧など多くの病気が「生活習慣病」と呼ばれ、生活習慣の改善が求められている点からも明らかです。

一〇〇歳を越しても若い人々とあまり変わらず働いている人がいます。彼らに見られるのは、人を助け働くことに自分の生き甲斐と喜びを感じていることです。たとえば、一〇〇歳を越えても現役の医者である日野原重明氏も、その一人でしょう。そのような人は、人を助ける働きに喜びを感じるために無償の愛の実践が可能となり、いつまでも若く活動ができると考えられます。

わたしたちもこのような人の生き方を学び真似する必要があるだろうと思います。そこでは、まさに「自分が助かるから人を助ける」という打算的で不自然な発想、つまり巧みな利己主義ではなく、自分の中から自然に湧き出るような無償の愛の実践、つまり真の利他主義としての結果であるとき、「人を助けるから自分も助かる」という原理が「大自然の摂理」として現実の生活に出現するように思われます。

【健康③：使えば発達するが、使わなければ退化する】

わたしたちの身体は、両手両脚のようにどちらも同じではなくいくらか違っています。右手が利き手である場合にはどうしても右手を左手よりも多く使います。すると右手の方により多く血液が送られ、右手が太くなりますが、それだけでなく右手を動かす神経もよりよく働くように進化していきます。その結果ますます右手を使うことが多くなり右手の動きが巧みになり、右手が左手に比べ太く巧みに動くようになるのです。

これと反対に使わないと、そこには血液が十分に運ばれなくなり使われないその部分は衰えます。このことは病気などで入院し、一週間も寝たきりになると足が細り、すぐには上手く歩けなくなることからもはっきり自覚できると思われます。筋肉などは適度に使えば使うほど発達するが、使わなければ退化する、それが生命のもつ摂理、「大自然の摂理」なのです。

漫才界の長老である内海桂子（九二歳）師匠が、『悩むヒマありゃ、動きなさいよ！』という本を著しています。そこでは、老化を論じるより廊下を拭けということが大切にされています。まさに使えば減る預貯金よりも使えば殖える「筋力貯筋」が大切となります。これは八〇歳でエベレスト登頂に成功した三浦雄一郎氏を見ても明らかです。彼の行動は、お年寄りはもちろん、若い人、特に持病などで苦しむ人にどれほどの勇気と希望を与えたでしょう。

このように、ある目的をもって体を積極的に動かすことが、高齢になっても筋力を保持して若さを保ちいつまでも健康を維持できる鉄則だと思います。このことは介護の必要な「寿命」よりも、その必要のない「健康寿命」が注目されていることからも明らかだと思えます。

そのように人を助け、そして体を動かす人は、身体が丈夫であるだけでなく、そこに人も情報も物も金も人気も集まり、幸せな生活が保障されるのです。そうでない人は、どうしても身体も弱り人も寄って来ないで、寂しい生活を余儀なくされやすいからです。

このことに気づけば、人を助け積極的に体を動かすことがどれほどその人が助かることになるかが自覚され、「水」のように素直で愛情あふれる人はもちろんのこと、たとえ我欲の強い人でも、まだまだ打算的で不自然な発想のレベルではありますが、自分が助かるなら喜んで人を助ける生活を実践することで、その人の生活の姿勢も少しは改善すると思われます。

したがって、「人を助けるから自分も助かる」という生命の摂理、すなわち「大自然の摂理」に基づいた道徳のもつ実践力の強みに、多くの人々が気づいて欲しいものです。

【理解力①：自分の我を捨てて相手の言動を真似る】

内外の環境状況は絶えず変化していますが、その変化に順応して、直ちにそれに同期できる「水」のように素直な人は、相手の言いたいことに素直に耳を傾け、その言い分、言いたい真意を直ちに学び取ることができます。

たとえば、幼児はよく物事を観察していて直ぐにその真似をします。初めはなかなかうまく真似できませんが、何回失敗しても、やっているうちにその要領を会得して、うまくできるようになります。

「学ぶ」とは「真似《まね》る」ことだと言われるように、人は自分の我をまず捨てて相手の言動を真似ることによって学び上手になります。それゆえ、学習において上手になるためには、相手に注文をつけることはさておいて、自我の癖を忘れて相手の言動を真似ることが第一の基本です。

そのうえで、人は厳しい練習（稽古）によって、実力をつけていくものです。その道理は、学問の世界だけでなく、スポーツや芸能の世界、さらには教育の世界にも当てはまると思います。

それでは、比較的よく知られている事例をあげて、もう少し詳しくその点について見ていくことにしましょう。

【理解力②：スポーツと芸能の世界における事例】

まず、スポーツの世界の一例として、「イチロー」という野球選手の場合を考えてみましょう。彼は打つ、守る、走る、どの面でも超一流とみなされ、もう四〇歳を越えますが、その年になっても現役選手としてアメリカ大リーグで、バリバリ活躍しています。

そのようになったのは、もちろん持って生まれた才能もあるでしょうが、決してそれだけではないでしょう。と言うのも、イチロー選手は、それほど体格的に恵まれているわけではありませんし、才能だけなら、彼よりもすぐれた選手はいくらでもいるでしょう。それでも、日本でもアメリカでも、これほど長く活躍できるのは、やるべき練習の内容を理解したうえで、そこで終わらずに、人知れず過酷な練習を続けていたのでしょう。そこでは、彼はさまざまな試合の状況を理解・想定しながら、努力していたことは想像に難くありません。そうであるからこそ、彼は、攻撃面では、ワンバンドの球でも打って出塁できるほどになりましたし、また守備面でも、捕球するのに困難な打球に対して、素早く落下地点まで最短距離で走り、巧みに捕球して野手に返球して当然予定された進塁を許さないなど、見事なファイン・プレーができるようになったのでしょう。

次に、歌舞伎の役者を事例に取りあげてみましょう。

歌舞伎の役者でも、超一流と言われる者は、幼児のころから徹底してその流派固有の役者になるための稽古に励み、自己の我を捨ててその型を完全に身につけ、そこにさらに自己の工夫も加え、一流の役者として広く認められるようになるのです。流派固有の型を身につけるためにどれほど苦労しているかについては、一般の者にはなかなかわかりませんが、おそらく、並大抵の苦労ではなく、そこに至るには、親の死に目にも会えぬほどのすごい努力が払われているはずです。その結果として、その名跡を継ぐのにふさわしい役者といわれるようになり、多くのファンから人気を得て名誉が手に入るわけです。

このようにスポーツ選手であれ、伝統的な芸事の役者であっても、彼ら彼女らは、多くの困難な事情に順応できるように自らを訓練することで、付け焼刃ではない本物のものになるのです。その道で一流のものと認められ、一芸をもって名声が得られるためには、自己の我を捨てて、その道のコツをよく理解したうえで、絶えざる努力が求められるのです。そうした人たちは特別な人間の事例であっても、いやそうであるからこそ、そうした人たちの姿から、生き方や在り方としての道徳の内実をむしろより鮮明に読み取ることが可能ではないでしょうか。その意味では、すぐれた偉人の生き様は、過剰なのはいけませんが、道徳教育の重要な教材になり得るでしょう。

「素直さ」①：「素直さ」とは何か

「素直さ」とは、自己の我を張らずに相手の言い分を素直に聞いて、それをそのままに受け入れて用いることです。そして、その「素直さ」が相手の言動を身につけ学ぶことの重要な要因になります。そのようなことを言うと、次のような疑問が生じてくると思います。相手の言い分をそのまま素直に聞いて用いるということは相手の言いなりになり、自己否定につながることになると思われますが、このことをどう考えるのかという問題です。

この点についてはっきりしているのは、生命が行った素直な働きとは、身体内外の環境変化に関して、我を張ることなく、「水」が方円の器に従うが如くそのまま素直に従うということでした。その結果、「大自然の摂理」に対応できる身体が形成されるのです。

それですから、「素直さ」とは自然環境に素直ということです。そして真理とはその自然環境に妥当する判断を言います。その意味では、「素直さ」というのは、第一義的には自然環境に対する「素直さ」を意味し、それに準ずるものとして対象に妥当する真理に我を張らずに従うということを意味しています。したがって、何に対して素直かといえば、環境状態とそれに妥当する真理判断に素直ということであって、「素直さ」というのは、決して相手の言い分を何でもそのまま受け入れるというのではないのです。

「素直さ」②：「素直さ」と「水」の働き

「水」は軟らかく、どんな器にも従います。しかし「水」の働きはそれだけでなく、「水」の本性を変えようとすることには激しく抵抗し、それに打ち克つ物はないほどです。たとえば鉄瓶の「水」が沸騰しているとき、それを抑えようとしてその鉄瓶の蓋を閉じると、かえってその「水」は鉄瓶ごとふっ飛ばしてしまいます。

その現れが「水の一滴石をも穿つ」と言われるように、「水」一滴は軟らかくどのような形にもなるのに、長く雨垂れが続いていると硬い石の方が負け、しまいには穴があきます。この「水」の性質を利用したのが、「水」の力でどんな硬い物質、たとえばダイヤモンドのような硬い物質でも切り取り破壊してしまう技術です。

このように「水」は、ある面では軟らかい性質をもちながらも、他面では何ものにも打ち克ち自己の本性を守り、どんな硬いものでも打ち破る強さをもっています。それゆえ、「大自然の摂理」やそれに妥当する真理には、何ものも抗うことはできず結局それに破れてしまうので、わたしたちもそれに則り、それに従う以外に方法はありません。

「素直さ」③：「素直さ」と真理

この意味で歴史的に見て、宗教の教えと学問上の真理とが対立、矛盾する場合、学問上の真理が保証されている場合、どんなに多くの人に宗教的な教えが正しい信仰だと信じられていても、また学問上の真理の正しさが少数の人にしか確認されていなくても、結局真理認識の正しさが、一般に是認されるようになり、それに反する宗教的な教え、信仰の方が否認される結果を見ても明らかだと思われます。

したがって、「素直さ」とは個々の人間の思わくに素直というのではなく、「大自然の摂理」、その真理に素直である、ということをしっかりわかっていただきたいのです。

「素直さ」④：型の会得と「大自然の摂理」

流派の型などを身につけるのは、その古い型が昔から多くの人々を満足させてきたからです。役者がそれを会得し身につけることが、多くの人々を満足させるとともに、喜びを与えるのです。したがって、その型の会得が、その役者にとって第一に求められることになります。そのためにその役者にとって自分の思い、すなわち自己の我は脇において、ひたすらその型を身につける訓練がまず求められることになるわけです。

そして人を助けて我が身が助かるというのが「大自然の摂理」というものなので、型の会得はそのまま「大自然の摂理」に従うことになるのです。その一例をあげてみます。

二〇一三年、亡くなった十二代目市川團十郎さんの本葬には、ファンなど二五〇〇人もの人が参列して、その死を惜しんだと報道されています。それは彼が日本だけではなくパリでも公演し、人々に多大の感動を与えフランス芸術文化の最高勲章コマンドールを授与されたことからもわかるように、彼が完全に流派の型を身につけ、それを外国人にもよく理解されるように見事に演じたことから理解されたと思われます。

まさに、自己の我を脇に置いて、人を助けるという「大自然の摂理」に従い、それに生きることがどれほど大切であるかということが、一人の役者の人生を通して示されている、といえるのではないでしょうか。

4．新たな道徳教育と日本文明

(1) 伝道者になった宇宙飛行士

以上見てきたような、「大自然の摂理」、そしてそれに則ったとしか思えない日本の歌舞伎役者の生き方という話題から、少し世界や宇宙に視野を広げてみたいと思います。そのうえで、再び日本という国に適った新たな道徳教育について提案していきたいと考えています。

【宇宙体験】

地球圏を脱して宇宙を体験した飛行士の内的インパクトはとても大きく、何人かの宇宙飛行士の人生を変えるほどのものであったといいます。なぜそれほど大きなインパクトを与えたのでしょうか。そのところを宇宙飛行士たちから直接聞いてみようと一九八一年の八月から九月にかけてアメリカ各地で元宇宙飛行士たちから取材してきたものが、立花隆の『宇宙からの帰還』という本にまとめられています。その中で、NASA（アメリカ航空宇宙局）を辞職して、伝道者になったアーウィンのことが説明されています。

立花氏によると、アーウィンは、宇宙飛行士になる前は教会に行くだけで、特に信仰心が強いわけではなかったそうです。ところが彼は宇宙から帰ると、宇宙、とりわけ月面上で、神の臨在を感じたとして、NASAを辞職して伝道者（牧師）になって宗教財団を作り、世界中を駆け回って説教を続ける毎日になったということです。彼の説教は、聴衆に多大の感銘を与え評判を生み、たとえば韓国では総計二〇〇万人の聴衆に話をしたと言われています。

宇宙体験の何がこのようにアーウィンを変えたのでしょうか。おもしろいのは宇宙に出てから、頭の働きがすごくよくなった気がするということでした。同じようなことを指摘する宇宙飛行士も他にあったようです。

「神の臨場感」と「宇宙の直観」

アーウィンの乗ったアポロ15号という宇宙船が月のところまで到達し、月軌道に乗りました。月面は生命のかけらも観察できませんでした。完璧な不毛であったようです。人を身震いさせるほど荒涼索漠としていたそうです。

しかし、それにもかかわらず、アーウィンにとっては、人を打ちのめすような荘厳さ、美しさがあったようです。彼は、口もきけずにその光景に見入っていたそうです。

そしてここに、彼は、神がいる、と感じたようです。月の上に神（何か）がいるというのではありません。ここに神（何か）がいると感じたのです。つまり、自分のすぐそばに神（何か）の存在を感じたというのです。彼によれば、正しく手を伸ばせば神の顔に手を触れることができるであろうと思われるぐらい近くにそれを感じたというのです。

また彼はこうも語っています。

「……宇宙飛行まで、私の信仰は人並み程度の信仰だった。人並み程度の信仰と同時に、人並み程度の懐疑も持っていた。神の存在そのものを疑うこともしばしばであった。しかし、宇宙から地球を見ることを通して得られた洞察の前にはあらゆる懐疑が吹き飛んでしまった。神がそこにいますということが如実にわかるのだ。このような精神的内的変化が宇宙で自分に起きようとは夢にも思っていなかったので、正直言って、私は自分で驚いた。」

以上を述べたことからわかるように、アーウィンは人並みの信仰と共に神の存在を疑うという人並みの懐疑をもっていたのです。その彼を変え伝道者になるという秘密は彼の宇宙体験、すなわち「神がそこにいる」という「神の臨在感」であることは明らかでしょう。

その臨在感は神の姿を見た、あるいは神の声を聞いたということではないのです。ただ「感じた」としか言いようのないもの、感覚経験などの五感の経験ではないが、それにもかかわらず、他の何ものによっても否定しえない確実な体験を意味していると思われます。この体験が彼をして心身ともに変え――身体面での変化は彼が菜食主義的になったことから推察できる――それ以後の彼の人生を大きく変換させたそのものであることが示唆されると思われます。

その感覚は経験ではなく、姿、形もない神の存在を如実に捉え、しかも自分自身が心身ともに大きく変わる確実な体験、それは「直観体験」ということができるのではないでしょうか。そして、何よりもはっきりしているのは、月面近くの体験は「宇宙の直観」であり、その内容が「神の臨在感」であったということです。

(2) ドイツの哲学者・神学者としてのシュライエルマッヘル

[「宗教の本質」と「宇宙の直観」]

ドイツの高名な哲学者・神学者の一人として、シュライエルマッヘルがあげられます。彼は、今からおよそ二〇〇年前にドイツで活躍した人物で、「近代神学の父」と称されています。日本語では、彼の名前は、本書で記したような、シュライエルマッヘルという表記をはじめ、シュライエルマッハー、シュライアーマッハー、シュライアマッハーなどと記されますが、彼の名前を日本のみならず世界的に一躍有名にしているのは、何と言っても名著『宗教論』です。彼は、カントやヘーゲルなどの観念論が一世を風靡していたドイツにあって、それらを批判しながら、自らの思想を確立していきました。

『宗教論』では、宗教は形而上学でもなく、道徳でもなく、その本質は「宇宙の直観と感情である」と断じています。彼によれば、宗教は宇宙を直観しようとし、宇宙自身の表現と行為の中にあって、敬虔の念をもって宇宙に耳を傾けようとするというのです。また、宗教は子どものような受け身の態度で宇宙の直接の影響によってとらえられ、充たされようとするというのです。

【シュライエルマッヘルの知見とアーウィンの宇宙の直観】

シュライエルマッヘルのこの知見は、宗教的体験（直観）の核心をずばり把捉したものと思われます。相手（対象）に共鳴、同調し、主客一如の体験、それが直観といわれますが、その場合、こちら（自己）に対象を合わせるのではなく、自己を対象（宇宙）に合致させ、共鳴、同調して、宇宙とひとつになり、それによってこちら（自己）が充たされるわけです。

このようなシュライエルマッヘルが考える宗教的体験（直観）は、明らかにアーウィンの人生そのものを大きく変えることになった「神の臨在感」と、根底において相通ずるものではないかと思われるのです。

また、この種の宗教的体験（直観）は、アーウィンのような「宇宙体験」だけでなく、決して日常的なものではないでしょう。しかし、さまざまな修行や瞑想をはじめ、ある特殊な状況の中で意外と多くの人たちが共有している体験ではないのかと思われますが、どうでしょうか。

次に、わたしも、それに類似したような体験をしたことがありますので、参考までにコラムとして簡単に記してみました。それは、マスコミを通してスピリチュアルなパワースポットとして知られる奈良県の三輪山と玉置山での体験です。もちろん、その体験は主観的であって、とても一般化・普遍化できるものではなく、現在の科学的な批判には耐えられないものでしょうが、わたし自身にとっては事実であり、真実なのです。

コラム1

三輪山・玉置山におけるパワースポットの体験

土居正稔

奈良盆地の東側に連なる青垣の山々、その中にひときわ美しい円錐形の山、三輪山が見え、夕日に映える二上山《にじょうさん》と、奈良盆地を隔てて東西に向かい合っています。三輪山の近くには卑弥呼の墓といわれる箸墓《はしはか》古墳や、邪馬台国との呼び声高い纏向《まきむく》遺跡があります。

三輪山は神の鎮まる神奈備《かんなび》であり、神霊の宿る神体山として古くから崇拝されてきました。そして山には神の御座の奥津磐座《おきついわくら》、中津《なかつ》磐座、辺津《へつ》磐座があります。神奈備、神体山、磐座など、我が国の古神道、かんながらの道の伝統をしっかり備えています。その山を祀ったのが大神《おおみわ》神社です。最近では、奈良のパワースポットのひとつとして、一部のいわゆるスピリチュアル系の人たちには注目を浴びているところになっています。

大神神社は古社中の古社と言われ、大和一宮として古くから人々に信仰されてきました。この神社には、神を祀った神殿はなく、拝殿から拝むのは神奈備の山そのものです。

二〇一〇年九月、私は狭井《さい》神社の登山口からお祓いをして山に登りました。頂上までおよそ五〇分ほどでした。途中は細い道で、かなり急な坂もありましたが、何ということもない普通の山道です。

頂上に着くと、何トンもある巨石群がありました。その数ざっと四百~五百もあろうか。それが奥津磐座でした。

磐座を見た途端、雰囲気というか、気配というか、辺りの空気といったようなものが、がらっと変わったように感じられました。しばらくそのまま雰囲気を感じていましたが、間もなく下山しました。

それからわたしの心身に変化が生じたのです。その年は格別に暑く、体がへばっていましたが、登山後はすっかり元気になり、動作もきびきびできるようになりました。それとともに理解力、表現力が高まり、それまである視点から文章を書いていて一度つまずくと、そこからなかなか脱却できませんでしたが、登山後はそのようなことは少なくなり、すぐに他の視点に転換できるようになり、研究者として嬉しくなりました。

そのような体験は一度だけでなく、それ以前にもありました。玉置山の体験です。

人里遠く離れ、交通不便な紀伊半島の中央部吉野・熊野の山なみ雲海はるか太平洋を遠望する千古の霊場玉置山です。標高一〇〇〇メートルの境内には樹齢三〇〇〇年といわれる神代杉をはじめ老樹、大樹が杜《もり》となってその懐に抱かれるように玉置神社が鎮座しています。祭神は国《くに》常立尊《とこたちのみこと》、イザナギ、イザナミなどの神々が祀られています。社史によると、紀元前三七年に玉置神社が創建され、そして六八三年に役《えん》の小角《おずぬ》が玉置山に登り、如意宝珠を埋めたと伝えられています。八五七年、天台宗智証大師が玉置神社に入り、これ以後、神仏習合となります。神仏習合の時代には境内に七坊十五ヶ寺もの神宮寺があったといわれ、空海もこの地で修業されたといわれています。現代でも大峰奥駆けの修験者で賑わい、熊野三山の奥の院としてその名が知られています。（『十津川巡り』より）

私が体験したのは、玉置神社の本殿ではなく、それから二〇分ほど登ったところにある末社の

「玉石社」に参拝した時のことです。玉石社は自然石が少し顔を出しており、それを白い石群で囲ってありました。もちろん社はありません。

その玉石社はその昔、役《えん》の小角《おずぬ》や空海が拝したところで、もともと玉置神社はそこにあったのではと伝えられるところです。奥駆け道を通る山伏たちは、玉置神社の本殿よりも先に、まず玉石社に参拝するのが通例とされています。二〇〇九年のお盆の頃その玉石社に参った際、わたしは三輪山での体験と同じ体験をし、その後、心身の変化も同じでした。

三輪山、玉置山での体験が先に述べたように、心身の変化をもたらしたと思っていますが、物質文明にどっぷりつかったままのわたしでさえ感じさせたものですから、素朴で純粋な古代人たちは山の体験で魂が揺さぶられたのでしょう。そしてこのような体験は三輪山や玉置山に限られたことではなく、各地でなされ、古代人は自然には目に見えないが、人知を超えた偉大な力が宿ることを直観的、体験的に見取り、それを神として畏敬し崇めてきたと思われます。

この直観的体験こそが「かんながらの道」の原点、端緒であり、日本文明の原初ではないでしょうか。

(3)「かんながらの道」に見られる「新道徳」の精神

【「かんながらの道」と日本】

縄文時代の古代人は、自然（宇宙）との直接交渉、シュライエルマッヘルの指摘した「宇宙の直観」によって、目にも見えないし触ることもできないが、宇宙に働いている偉大な力を直接把捉して、それを神として畏敬してきたと思われます。したがって、本書でいうところの「かんながらの道」は、抽象的な思弁でもなく、単なる信仰でもなく、深く体験に裏づけられたものと言えないでしょうか。それは、火に触ると「熱い」感じが疑いようもないことと同じく、アーウィンのようにその体験者を捉えて放さないものです。

しばしば古神道、すなわち「かんながらの道」は、教祖もない、教理もない、戒律もない教え、つまり「かんながらの道」には一般の宗教のもっているものが備わっていないために宗教とは言い難い奇妙なものであると、否定的なニュアンスで語られることが多いようです。

しかしながら、宗教の枠組みでとらえるならば、むしろ「かんながらの道」こそが、宗教の本質である「宇宙の直観」にもっとも忠実で、その本質が端的に働いている教えだと思われます。その意味では、「かんながらの道」の教えは、後からもっともらしい人間の考えで、思弁的に抽象化されて、金ピカに厚化粧された神や仏とは比べものにならないほど根源的で素朴、純粋なものと言えるのではないでしょうか。

【自然崇拝と日本】

自然崇拝は日本だけでなく、世界各地で見られますが、その多くはいわゆる大宗教といわれる一神教によって制圧、吸収され、現在はただ歴史上に名をとどめ遺跡が残っているだけのようです。

先進諸国において自然崇拝が文明の中核として生き続けているのは、日本だけではないでしょうか。これは日本文明及び日本人の後進性を示すものではなく、かえって日本文明とそれを支える日本人のすごさ、卓越性を実証するものではないかと考えています。この点については、いずれ近々『日本文明論序説』(仮称)において、その詳細が述べられると思います。

このような卓越した日本文明の原点となる「かんながらの道」について、「大国主命の国譲り」と「明治維新」を日本の歴史の事例として取りあげてみます。

【大国主命の国譲り ①:古代の歴史】

大国主命は、天つ神から「国を譲れ」との強引で虫のよい申し出に対し、拒絶して「戦い」の道を選ぶ選択肢も十分あったはずです。事実、当時の出雲の武力、経済力は強大で、その力をもってすれば大和朝廷側と十分戦えたと言われています。それなのにその道を選ばないで、『古事記』に述べられているように、次のような条件を付けて国を譲ったとされています。

「この葦原中国《あしはらのなかつくに》は、天つ神の仰せのままにすっかり差し上げましょう。ただ私の住まいをば、天つ神の御子が神聖な皇位におつきになる光り輝く壮大な御殿のように、地底の岩盤に宮柱を太く立て、高天原に千木《ちぎ》を高くそびえさせてお造り下さるならば、私は百足《ももた》らず多くの道の曲がり角を経て行く、遠い所に隠れておりましょう。」（出典：『古事記　上代歌謡』小学館）

このように、戦う十分な戦力があったにもかかわらず、それを選ばないで条件付きとはいえ、なぜ苦心して自ら創った国を譲ったのでしょうか。普通ならとても考えられないと思います。それはなぜでしょうか。

思うに、もし戦えば豊葦原中国を二分する大戦《おおいくさ》となって、住民に多大の迷惑をかけ、損害、苦痛を与えることになります。そのようなことは、住民のことを思いスクナヒコナの協力を得て国を創った自分の本意ではないのです。自分の理念に反することになるから、何としても避けなければならない、と考えて話し合いに応じ、国を譲ったのではないでしょうか。そのために自分の命、地位、名誉、その他諸々の権益のすべてを放棄して、幽界に身を隠した。おそらく自死したと思われます。

最近の研究によれば、これは単なる物語ではなく、史実、もしくは史実に近いことは四八メートルに及ぶ宮中神殿建立の遺跡が出雲大社境内地から発掘されたことから明らかだと思われます。遺跡調査により杉の巨木三本を組み合わせた直径およそ三メートルに及ぶ宇豆柱《うずばしら》が発掘され、伝承されていたが、実際にはそんな神殿は造れないという現代学者たちによって否定されていた四八メートルに及ぶ天下無双の大廈《たいか》、宮中神殿が実際に建立されていたことが実証されたのです。

【大国主命の国譲り②：「水」の心と「火」の心】

話し合いによる国譲りは、世界史に類のない出来事です。その精神は、国を譲れとの要求に我を張ることなく、情報を素早く正確に察知した「水」の心、あえていえば「やさしさ」と、我が身の損得を顧みることなく、死を恐れず民のこと国のことを第一に配慮した「火」の如き助ける愛の心、あえていえば「おおしさ」という、それら二つの対照的な心の働きが大国主命をして世界に類のない国譲りという行動をとらせたと考えられます。

その行動を可能にする「水」の心と「火」の心、それがいかに強力で、「人を助け我が身も助かる」という理は、大国主命が現在でも多くの人々に心服され幸福を授ける神として崇拝されていることからも明らかだと思われます。

【明治維新①：近代の歴史】

この国譲りの精神は古代だけでなく、明治維新という画期的な大革命においても、発揮されています。明治維新と言われる革命は単に支配階級の交替、入替えに止まらず士・農・工・商の階級がなくなり、それまで鎖国政策によりタブーとされてきた外来文明を取り入れ、近代国家として生まれ変わった大革命なのです。

それがほとんど無血革命に近い形で実現したということは、それまでの世界の歴史からすれば、まったく予期できない、不思議ともいえる革命だったのです。

フランス革命はルイ十六世などをギロチンで処刑するなど百万人の生命を奪いました。また、ロシア革命では数百万の同胞の血が流れました。中国革命に至っては数千万人に及ぶ人民の生命が失われ、当時の中国の大河は死体で川面が埋め尽くされたと語られています。

それに対して明治維新では戊辰戦争で約八〇〇〇人あまりの犠牲者、後の西南戦争で二万数千人の戦死者、合計して僅か三万数千人という比較にならぬ人数です。この事実は何を意味しているでしょうか。それもさきほど述べた支配階級の変更を意味する革命に止まらず、大政奉還、版籍奉還、廃藩置県、学制・兵制・税制などの改革がなされ、日本は市民平等な近代国家へと大きな一歩を踏み出しました。

このような徹底的な社会変化を伴った明治維新がかくも僅かの犠牲の上で成り立ったのか。世界史の上で大きな謎です。それは、なぜでしょうか。

〔明治維新　②：「水」の心と「火」の心〕

思うに、縄文以来の伝統的な話し合いによる解決法が取られたのではないでしょうか。

よく知られているように、第一の江戸城無血開城は、幕府側の勝海舟と討幕側の西郷隆盛との話し合いによって江戸が火の手に包まれることなく無血開城に至りました。当時の幕府方からすれば討幕派に対抗できる十分な戦力を備えていたのに開城に踏み切りました。

それは戦えば両軍かなりの死傷者のでることは避けがたいうえに、民衆に多大の影響を与え、また日本での利権を得ようと虎視眈々と狙っていたイギリスやフランス、アメリカ、ロシア等の容喙を招き、国家の独立が危うくなるなどと察知した両首脳が開城に踏み切ったのです。これはまさに近世の国譲りに他なりません。

普通一般に、革命は革命の主体となった階級が政治の主権を獲得し盛大になるはずなのに、明治維新では革命を遂行した武士階級がなくなるというこれまた世界史に類のない事実があります。これがまた不思議なことです。つまり明治維新はヨーロッパの革命、とくにフランス革命のように市民が暴力で貴族の権力を打倒した革命ではなかったのです。

武士の身分を廃止したのは、他ならない武士自身によって構成されていた明治新政府だったのです。つまり明治維新は自己をむなしくして公、国家のため働くことを使命だと考え、それを旨とした武士たちによって実現されたものだったのです。

その精神は、二つの対照的な心という見方から解釈すれば、次のように言えると思います。すなわち、アヘン戦争、その他で列強の意図を正しく察知した「水」の心と、国と民のことを配慮し、そのために自らを犠牲にすることを厭わない「火」の心と、この二つの心によって世界史上に例のない見事な明治維新という画期的な革命に成功したと。ここに話し合いによる国譲りという太古の「かんながらの道」が生きていることが示されたと解釈できないでしょうか。この「かんながらの道」は、日本固有の伝統的な道であって、生命の働きの自覚によって得られたものであることに気づかされます。

「新道徳」観とそれに基づく「日本発の道徳教育」の現代的意義

世界が今、国や民族の生き様をめぐってのっぴきならぬ状況に追い込まれていることを知るとき、話し合いによる国譲りの精神、すなわち生命の摂理に秘められた「水の心」「火の心」の正しい見取りによって相戦うことを避ける道のあることを世界に向かって堂々と発信すべきではないでしょうか。

大まかにいうと、人間を各個人ばらばらで自己本人の利己的集団と考え、そのままにしておくと、「万人の万人に対する戦い」になると規定し、それを避けるためには契約を結び、代表者を選び、その代表者に自らの権限を委譲しなければならない、として社会契約説を唱えたのがホッブズです。その契約説の前提となった彼の人間観、すなわち人間はばらばらのままでは、万人の万人に対する戦いになるという認識は、重大な誤りをもっているように思われます。

生命の働きに注目し、これまで述べてきた人間観に基づいて喩えていうなら、人間は一人ひとりばらばらな砂のようなものではなく、「一房のブドウ」のように連なった存在ではないでしょうか。「一房のブドウ」の一つひとつの粒はそれぞれ色も形も違い特殊ですが、それらの粒は互いにつながっています。それらをつなぐものが生命なのです。

わたしたちは生まれた時すでに生命的につながった存在で、そこから改めて社会契約など結ぶ必要のない互いに連帯したものと考えられないでしょうか。その連帯に気づけば、他人というものはなく、お互いが兄弟姉妹であり、同胞なのです。それはわたしたちの身体のように六〇兆個もの細胞がそれぞれ異なり、自由に行動していながら、自分を空しくして互いに協力しあって、他者のため、全体のために働き、個体や種を形成し維持しているのと同じなのです。身体ではすべての細胞は受精した生殖細胞一個から派生、分岐したもので、互いに助け合っています。決して互いに敵対して戦っているのではありません。これこそ生命あるものの真の姿なのです。

わたしはこの生命の姿、働きに基づく「新道徳」を提唱します。一言で言えば、それは、「水の心、火の心に基づく行動をする」ということであり、それが自分も助かり、相手も助かるというよい結果を招くという「大自然の摂理」なのです。そしてこの行動は人間だけに求められるのではなく、全生物に求められるものであって、もしこの「大自然の摂理」に反する生物があれば、その生物は地上で生き続けることは困難になり、やがて早晩絶滅するのは避け難いと思われます。

わたしたち日本人はこのことをしっかり頭に入れて道徳、および道徳教育を考えてほしいのです。また、それをやれるのが、世界の中でも数少ない一部の人たちだけであり、そこに日本人は確実に、いや中核に含まれていると見るべきでしょう。なぜなら、日本人は、世界各地の多くの人々と異なり、生まれた時からひとつの神を信仰しなければならないという宗教的呪縛から解き放されているために、宗教的な教えに束縛されない、それを超越した真の道徳、およびそれに基づく道徳教育を提唱することができるからです。その意味で、宗教的相違や対立を基底に置きながら、世界が今、国や民族の生き様をめぐってのっぴきならぬ状況に追い込まれているからこそ、それぞれの宗教を尊重しつつ、宗教的相違や対立を超越した真の「新道徳」、およびそれに基づく道徳教育の出現が、世界的な平和に大きな貢献を果たすことができると言えないでしょうか。それが、日本の使命だと考えられないものでしょうか。

そのように見てくると、決して手前味噌で言うつもりはありませんが、「新道徳」観に基づく「日本発の道徳教育」は、日本国内のみならず、今後のよりよい世界的なイノベーションを起こす大きな原動力のひとつになり得るものだと確信しています。その実現こそが、日本も助かり、同じように他国や世界も助かるということになるでしょう。まさに二一世紀は、宗教を超えた世界観・人間観・社会観を提示することができる日本文明の出番なのです。

●主要参考文献●

・安保徹『免疫革命』講談社、二〇一一年
・内海桂子『悩むヒマありゃ、動きなさいよ！』牧野出版、二〇一二年
・丘浅次郎『生物学的人生観』(上、下) 講談社、一九八二年
・岡田節人『生命科学の現場から』新潮社、一九八三年
・岡田節人『細胞の社会』講談社、一九七二年
・荻原浅男・鴻巣隼雄校注・訳『古事記　上代歌謡』小学館、一九七三年
・キャノン著、舘鄰・舘澄江訳『からだの知恵』講談社、一九八一年
・小出五郎『脳』朝日新聞社、一九八八年
・志賀勝『月の誘惑』はまの出版、一九九七年
・シュライエルマッヘル著、佐野勝也・石井次郎訳『宗教論』岩波書店、一九五〇年
・パーマー著、小原孝子訳『生物時計の謎を探る』大月書店、二〇〇三年
・立花隆『宇宙からの帰還』中央公論新社、一九八五年
・中西真彦・土居正稔『人間の本性の謎に迫る』日新報道、二〇〇五年

・中西真彦・土居正稔『西欧キリスト教文明の終焉』太陽出版、二〇〇七年
・根本順吉『月からのシグナル』筑摩書房、一九九六年
・ハイデッガー著、原佑・渡邊二郎訳『存在と時間』中央公論社、一九七一年
・平井富雄『脳と心』中央公論社、一九八三年
・バーニー著、小林登訳『胎児は見ている』祥伝社、一九九七年
・林博史『体内リズムの秘密』主婦と生活社、一九九八年
・ホッブズ著、水田洋訳『リヴァイアサン』（1、2、3）岩波書店、一九九二年
・三谷博『明治維新を考える』岩波書店、二〇一二年
・山本利雄『人間創造』天理教道友社、一九九〇年
・リーバー著、藤原正彦・藤原美子訳『月の魔力』東京書籍、一九九六年
・次田真幸『古事記（上）全訳注』、講談社、一九七七年

第二章の要約

＊ネコの生き方、つまり行動の仕方は、「大自然の摂理」として同じ哺乳類であるヒトの場合にも当てはまると考えると、人間の場合には、就学前教育の重要性は、簡単に「大自然の摂理」からも類推できる。

＊胎児にとって母親が直面しているストレスの問題も重要であるが、一番大切なのは、自分の胎児について母親がどのように感じているかということである。母親の思考と感情が積極的で愛情にあふれていれば、胎児は大きな困難にも耐えることができる。

＊意識する、しないにかかわらず、受精からすでに子どもの教育は始まっている。

＊胎児に決定的な影響を与えるのは、夫と妻との関係の在り方である。

＊何を教えるのかということになると意見は一致しないために、反対が少ないもっともらしい道徳的価値（徳目）が理念のないまま雑然と選ばれ、その価値を教えることが道徳教育として広く実施されてきた。

＊今の日本の道徳教育関係者の世界では、道徳教育の芯になる哲理がまったく考えられていない。

＊道徳教育の目標や内容を不問にして、アメリカの心理学の技法を下敷きにした指導方法の改善に終始している姿は、とても的を射た日本の道徳教育の改革にはなり得ない。

＊道徳は、広くは法律をも含むものとして、人間行動の規範、原則を示すものとされ、人間自身に根差す人間に関する教えとも言える。

＊「経済の再生」も、景気が良くなって十分にお金も物も出廻り、人々の物的生活の向上、豊かさを

求めようとする欲求に応えようとしたものであり、詰まるところ、お金がらみの政策に属するものであるから、道徳に直接的によい影響を与えるものではない。

＊人間存在をどう考えるかによって、人々の生き方、価値観、道徳観が大きく変わる。

＊自然との関係は社会的な人間関係以上に、とても大切な必須な条件であるが、その点が道徳教育研究の中で意外と見落とされがちになっている。

＊人間は、まわりの自然と共生していかねばならない「自然の子」である。

＊なぜ生命に注目したかと言えば、そのひとつは、生命は人間存在を形成し支えて、人間存在を左右するものとして、一人ひとりの人間にとって肝心要《かなめ》のものと言えると思うからであるが、「人類」といわれる種は、およそ四〇億年前に地球に出現した最初の生命体から派生してきたのであり、人間の出自は自然であり、人間のもつ存在性格のすべては原理的には自然に由来すると考えられる。

＊「大自然の摂理」に則った道徳、換言すれば、「生命の働きに則った道徳」を、これからの道徳教育の基底に据えるべきである。

＊変動きわまりない身体が長く個体や種を維持しているのは、よく考えてみると不思議であり、奇蹟であり、驚くべきことである。

＊身体の働きにはただ脱帽するほかない。

＊身体の働きが絶妙ですごければすごいほど、その身体を創り上げたものの働きの偉大さ素晴らしさは、創られた身体の偉大さをはるかに超えるものである。

*道徳教育の基底に据える原理は、生命の働き、言い換えれば「大自然の摂理」である。

*生命の働きは大別して二つに分けることができるが、ひとつは主体的・能動的に他者に対応する働きかけであり、他のひとつは他者からの働きかけや内外の環境の変化に直面してそれに順応し対応する働きかけ、つまり受動的な働き方である。

*アポトーシスに代表される「火」のような生命の働きのお陰で、人体は数々の病原菌や諸々の有害な環境変化にも見事に対応できていることを知り、それを可能にしている生命の働きにわたしたちは感謝する道理がある。

*生物時計の重要さはそのリズムをつくり出す太陽や地球、月などの運行に従うことの重要性を教えるものであり、改めて自然に同調、調和することが、人間のよりよき生き方、健康の基本であることを思い知らされる。

*能動的な「火」のごとき働きと、「水」のごとき働き、この二つの働きがひとつは生命の能動的な働き、もうひとつは生命の受動的な働きと見なされるが、この二つの生命の根本的な働き、別な言い方をすれば「大自然の摂理」に注目して、そこに道徳の拠り所を求めたい。

*「自分が助かるから人を助ける」という打算的で不自然な発想、つまり巧みな利己主義ではなく、自分の中から自然に湧き出るような無償の愛の実践、つまり真の利他主義としての結果であるとき、「人を助けるから自分も助かる」という原理が「大自然の摂理」として現実の生活に出現するのである。

*「学ぶ」とは「真似《まね》る」ことだといわれるように、人は自分の我をまず捨てて相手の言動を真似る

ことによって学び上手になるから、学習において上手になるためには、相手に注文をつけることはさておいて、自我の癖を忘れて相手の言動を真似ることが第一の基本である。
＊その道で一流のものと認められ、一芸でもって名声が得られるには、自己の我を捨てて、その道のコツをよく理解したうえで、絶えざる努力が求められる。
＊何に対して素直かと言えば環境状態とそれに妥当する真理判断に素直ということであって、素直さというのは、決して相手の言い分を何でもそのまま受け入れるというのではないのである。
＊「大自然の摂理」やそれに妥当する真理には、何ものも抗うことはできず結局それに破れてしまうために、わたしたちもそれに則り、それに従う以外に方法はない。
＊素直さとは個々の人間の思わくに素直というのではなく、「大自然の摂理」、その真理認識に素直ということである。
＊自己の我を脇に置いて、人を助けるという「大自然の摂理」に従い、それに生きることが大切である。
＊宗教は形而上学でもなく、道徳でもなく、その本質は宇宙の直観と感情である。
＊自然崇拝は、日本文明及び日本人の後進性を示すものではなく、かえって日本文明とそれを支える日本人のすごさ、卓越性を実証するものである。
＊話し合いによる国譲の精神は、国を譲れとの要求に我を張ることなく、情報を素早く正確に察知した「水」の心、あえていえば「やさしさ」と、我が身の損得を顧みることなく、死を恐れず民のこと国のことを第一に配慮した「火」の如き助ける愛の心、あえていえば「おおしさ」という、

それら二つの心の働きが大国主命をして世界に類のない国譲りという行動をとらせた、という解釈も可能であろう。

*アヘン戦争、その他で列強の意図を正しく察知した「水」の心と、国と民のことを配慮し、そのために自らを犠牲にすることを厭わない「火」の心と、この二つの心によって、日本は世界史上に例のない見事な明治維新という画期的な革命に成功した、という解釈も可能であろう。

*わたしたちは生まれた時すでに生命的につながった存在で、そこから改めて社会契約など結ぶ必要のない互いに連帯したものと考えれば、他人というものはなく、お互いが兄弟姉妹であり、同胞なのである。

*日本人は、世界各地の多くの人々と異なり、生まれた時からひとつの神を信仰しなければならないという宗教的呪縛から解き放されているために、宗教的な教えに束縛されない、それを超越した真の道徳、およびそれに基づく道徳教育を提唱することができる。

*宗教的相違や対立を基底に置きながら、世界が今、国や民族の生き様をめぐってのっぴきならぬ状況に追い込まれている情況だからこそ、それぞれの宗教を尊重しつつ、宗教的相違や対立を超越した真の「新道徳」、およびそれに基づく道徳教育の出現が、世界的な平和に大きな貢献を果たすことができる。

*二一世紀は、宗教を超えた世界観・人間観・社会観を提示することができる日本文明の出番である。

第三章　道徳教育の諸相とその背景—教育学的思索を中心に—

吉田武男

1．今、なぜ新たな道徳教育が日本に必要なのか

(1)　道徳教育の混乱状況

〔なぜ、道徳教育が叫ばれるのか〕

近年、バスや電車の中という公共の場所で、ときには横断歩道を渡るときですら、携帯電話を使用するような、公徳心の低い自己中心的な若者が増えています。もちろん、それは若者だけでなく一般の成人にも見られるものですが、少なくても若者の社会道徳が現実に欠如しているということは、否定できない事実でしょう。実際に、「礼儀正しく」や「素直に」などというような徳目的な説諭は、いまの若者の感覚には白々しく響く言葉や雑音でしかないように思われます。

【少年犯罪は増加していますか？】

また、そのような身近な社会道徳とは別に、近年になって若者が大きな事件を引き起こし、さまざまな少年犯罪がマスコミで盛んに報道されるようになりました。ここ一〇年近くを少し振り返って見ても、一九九七年の神戸連続児童殺傷事件、一九九八年の栃木女性教師殺傷事件、二〇〇〇年の西鉄バスジャック事件、二〇〇三年長崎男児誘拐殺人事件、二〇〇四年の佐世保小六女児同級生殺害事件、二〇〇六年の岐阜中二少女殺人事件と奈良母子三人放火殺人事件、二〇〇七年の会津若松母親殺害事件、二〇〇八年の八戸母子三人放火殺人事件などが、すぐに思い出されてしまいます。そこでは、「人を殺してはいけない」「人を傷つけてはいけない」という古くから言い伝えられてきたような人間の当たり前の戒律すらも、まったく忘却の彼方に消えてしまっているようです。

こうした道徳のかけらもないような少年犯罪が、残念ながら日本各地で生じ続けています。しかし、少年犯罪の件数は、現実には一九八三年をピークに、大局的に見ると、現在まで減少傾向を示しています。たとえば、警察庁の調べによると、少年刑法犯検挙人員については、二〇一三年の件数は前年度比の一三・七％減で、一〇年連続で減少しています。したがって、量的には「少年の犯罪が急増している」というようなマスコミの報道は、正しいものではないのです。

【少年犯罪の異様さ】

また、そのような数字による冷静な見方に対しては、「最近の少年の凶悪性が問題だ」という質的な批判もしばしば見られます。しかし、それに反論させていただくなら、凶悪で残忍な少年の犯罪は、別に最近の特殊現象でもないといいたいところです。たとえば、一九四一年から翌年にかけて一七歳の少年（最後の犯行は当時一八歳）が浜松で九人を殺害し、六人に傷害を負わせた浜松連続殺人事件、一九六五年に一八歳の少年がライフルで警官を射殺して逃走したあげく、銃砲店で人質を取ってライフル銃を乱射した少年ライフル魔事件などもあるわけで、過去にもその種の凶悪な少年事件は起きているわけです。それらの過去の事件を根拠にして、最近になって引き起こされた少年事件は決して特殊現象ではない、と言う反論も可能ですが、確かに最近の事件のなかには残忍で普通一般には理解不能な異様さをもっているということも事実だと思います。

【「心の教育」の登場】

とりわけ、一九九七年の神戸連続児童殺傷事件は、その代表的なものでしょう。それゆえ、今後痛ましい事件が起こらないよう、加害者の動機としての「心の闇」を理解して、道徳性を備えた心の豊かな人間を育成するために、子どもの心に焦点をあてた「心の教育」が求められるようになりました。実際に、その事件の一年後、中央教育審議会は「新しい時代を拓く心を育てるために─次世代を育てる心を失う危機─」という答申を発表し、若者の道徳の荒廃を憂い、「心の教育」の充実や「生きる力」の育成を強調しました。さらに、二〇〇三年三月の中央教育審議会答申「新しい時代にふさわしい教育基本法と教育振興の在り方について」のなかでも、「豊かな心と健やかな体を備えた人間の育成」が求められたうえで、「豊かな心」に関しては次のような記述がなされています。

「豊かな心をはぐくむことを人格形成の基本として一層重視していく必要がある。社会生活を送る上で人間として持つべき最低限の規範意識を青少年期に確実に身に付けさせるとともに、自律心、誠実さ、勤勉さ、公正さ、責任感、倫理観、感謝や思いやりの心、他者の痛みを理解する優しさ、礼儀、自然を愛する心、美しいものに感動する心、生命を大切にする心、自然や崇高なものに対する畏敬の念などを学び身に付ける教育を実現する必要がある。」

つまり、答申では、「豊かな心」という言葉が登場し（以前は「豊かな」という修飾語には、「豊かな感性」「豊かな人間性」という表現が頻繁に使われていましたが、この頃から「豊かな心」という表現が何の躊躇もなく使われるようになりました）、それをはぐくむことが人格形成の基本とされ、規範意識とともに正しい心の在り方が強調されています。そこで、「心の教育」というべき道徳教育の必要性が叫ばれるということになるわけですが、そのような教育は、本来的に個人の内面に着目するために、問題行動の現実的背景に目をつむってしまうという大きな欠点を有しています。しかし、多くの教師や教育関係者はそのような道徳教育に大きな疑問をもつこともなく、現在まで概ねそれを肯定的に受け入れています。そこには、そのような疑問が意識されないほど、青少年の道徳の荒廃と異様な犯罪、さらには自殺をはじめ、リストカットやオーバードーズ（過量服薬）の発生が多くの人々の関心事となっているのでしょう。

「教育再生実行会議」と道徳教育

そのような時代状況に加え、あるいはそのような状況を踏まえ、第二次安倍内閣では、私的諮問機関としての「教育再生実行会議」が二〇一三年一月に設置され、文部科学省に引き継がれるかたちで、道徳教育の議論が活発に行われるようになりました。

しかし、「教育再生実行会議」では、道徳教育の方法上の提案はなされても、今の日本の道徳教育が拠って立つ基底や基礎から、道徳の具体的な内容を問うような議論は、ほとんど行われませんでした。なぜなら、そこには、道徳教育学の専門的な研究者をはじめ、教育学者が一人もいないのですから、仕方がないことです。それだけに、そこでいくら道徳教育の重要性や「道徳の教科化」が叫ばれても、その現実的な改善方策の提示は望むべくもないわけです。というか、そもそも政府の行政的な「教育再生実行会議」にその具体策まで求めることが間違っています。今後は、理論と教育現場をよく知る道徳教育関係の研究者や教師たちが、過去のイデオロギー対立を反映して、道徳教育に賛成か反対かという議論にいつまでも終始しているのではなく、行政的な立場の意見も勘案しながら、広い視野をもって根本的に学校の道徳教育の在り方を考えていくことが重要なのではないでしょうか。

(2) グローバル社会における日本の道徳教育

[世界における日本の道徳教育の特殊性]

現時点では、日本の道徳教育の話題は、もっぱら学校の「道徳の教科化」の問題です。その問題に対して、過去のイデオロギー対立を反映したような、異なった立場から賛否両論の意見が出されました。もちろん、これからもさまざまな論評が加えられるでしょうが、どちらの主張であっても、これからの日本の道徳教育は世界的な視点から、つまり俯瞰的な視野から考えざるをえないでしょう。なぜなら、好き嫌いは別にして、これからの近未来の日本は、グローバル化ないしはグローバル社会を無視して存続しえないのですから、せめて今の日本の道徳教育は世界的にはどのような位置にあるのかを、まず知っておく必要があるでしょう。そのうえで、というか、それだからこそ、日本にふさわしい道徳教育が提案されるべきでしょう。

ところが、意外と日本の国民のみならず、道徳教育に熱心な関係者も、世界における日本の道徳教育の特殊な状況を知ることもなく、キリスト教文化圏のアメリカの教育理論やその方法を過大評価し、「アメリカの道徳教育に学ぶべきだ」と思いがちなのです。そのような関係者は、結果的に、アメリカの道徳教育について、宗教的・思想的前提条件から全体的に正しく学ばないで、方法的な技法だけを表面的に真似ようとするために、人間の在り方生き方を問うはずの道徳教育を、心や行動をコントロールする技法に格下げしていることに気づいていません。また、挙句の果てには、日本の教育に追随する、あるいは真似ることを旨にしているとしか思えないような韓国の教育を取りあげて、「日本は韓国の道徳教育に学ぶべきだ」という保守主義の人たちの主張に至っては、保守主義者とラベリングされるわたしも、本当に情けなくて閉口するしかありません。もっと広く世界の道徳教育の状況を、まずは客観的に知ってもらったうえで、日本に適った道徳教育を考えてほしいものです。

そこで、次に世界の道徳教育について大枠で少し考えてみましょう。

たとえば、教科であろうがなかろうが、「道徳授業が行われている国は、国連加盟国一九三ヵ国中どのくらいあるでしょうか」、と仮に問われれば、みなさんはどのように答えられるでしょうか。地球規模で世界の国々に想いを巡らせてみてください。

「すべてで行われている」でしょうか。それとも真逆の「ほとんど行われていない」でしょうか。あるいは「一〇ヵ国ぐらい」でしょうか。もう少し多い「五〇ヵ国ぐらい」でしょうか。

もっと多い「一五〇ヵ国ぐらい」でしょうか。

国によっては、地域的に一部の地方だけで行われているというところもあって、正確な数字を言うことはできませんが、「ほとんど行われていない」が正解なのです。つまり、地球規模で眺めれば、道徳教育としての道徳科の授業はほとんど行われていません。繰り返していいます。「世界を見回しても、道徳科の授業はほとんど行われていません」と。そこから見えてくる日本の道徳教育の実態は、世界的にきわめて特殊だということです。

もちろん、特殊がいけないと言っているのでは決してありません。日本の道徳教育が、世界と違っていて何も問題はありません。むしろ、違って当然というのが正しい見方ではないでしょうか。なぜなら、日本は、伝統と文化の点において、とりわけ宗教文化において大いに他国と異なっているために、人間観や世界観にかかわる道徳的な価値観は同じであるはずがないからです。ここで問題なのは、日本の道徳教育の実態を世界との関係で把握していないことです。まずは、道徳授業を定期的に行う日本の道徳教育の実態は、俯瞰的に眺めると、まったく他国と異にしているということをきちんと確認すべきです。

【中国と韓国の道徳授業】

そのようなことをいうと、「待ってました」とばかりに、中国でも韓国でも道徳授業が行われているではないか、とすぐに反論が道徳教育関係者から聞こえてきそうです。しかしながら、中国では、小学校一年生から二年生までが「品徳と生活」、小学校三年生から六年生までが「品徳と社会」、中学校三年間が「思想品徳」、高等学校三年間が「思想政治」という授業名称で、韓国では、小学校一年生から二年生までが「正しい生活」、小学校三年生から高等学校一年生までが「道徳科」という名称で、日本でいうところの道徳授業は行われているのであって、日本のように道徳だけを内容として単独に抽出したような名称の道徳授業が、小学校一年生から中学校三年生までの義務教育期間において一貫して行われているわけではありません。あくまでも、道徳の内容が取りあげられていても、小学校一年生と二年生の中韓両国を見ても、中国では「品徳と生活」、韓国では「正しい生活」という名称になっているように、「生活」とかかわった教科の内容が授業として設けられているのであって、日本のように、小学校一年生から中学校三年生まで、「道徳の時間」（今後は、「特別の教科」としての「道徳科」）という同一名称で単独の道徳授業が開設されているわけではないのです。

また、このように説明すると、「韓国では大部分は日本のように道徳授業ではないか」という批判が出てきそうですが、既述したように、もともと韓国は日本の教育に追随、真似る傾向をもっていますから、日本に似ているのは当然です。日本に追随している国を捉えて、「日本だけではなく韓国も行っている」と主張するのは、真っ当な議論になっていません。

〔ヨーロッパの道徳授業〕

もちろん、少し諸外国のことを知っている人ならば、フランスでもドイツでも道徳授業は行われている、という反論もできるでしょう。確かに、それらの指摘も間違いではありません。しかし、より正確にいうと、フランスでは、多くのカトリック系の私立学校において道徳授業はなく、宗教授業が行われています。また公立学校においても、近年はもっぱら「目覚まし科目（活動）」（歴史・地理、観察活動、図工、唱歌など）の中の一部として、道徳教育が行われてきただけです。そして、最近になって道徳教育の必要性が叫ばれて、「市民・道徳教育」という教科の名称の授業が出現したのであって、単独名称の道徳授業が行われているわけではないのです。また、ドイツでも、基本的に道徳教育は宗教教育を中心に行われているために、宗教授業はあっても、道徳授業は大部分の州において設けられていません。一部例外的に、ベルリン市やブレーメン市などにおいて、宗教教育は正規の教科ではなく任意の教科として見なされたために、道徳教育に関連しては、宗教授業だけでなく、世界観教授（授業）やそれに代わる価値教授（授業）、たとえば倫理や「生活形成・倫理・宗教」という新教科領域の授業が行われたりしているのです。

【道徳授業の存在】

そこで、改めて俯瞰的な見方をすれば、世界でおおむね少数の諸国や地域においてだけ、道徳授業が行われているに過ぎないのです。つまり、我が国の道徳授業においてどのような教材や資料を使うか、あるいはどのような指導法を発達段階に応じて行うか、どのような指導計画を立てるか、などという前に、その単独の道徳授業の存在自体が、日本の道徳教育に適っているのか、をまず問われてしかるべきなのです。

「道徳の教科化」を追い風に感じて、「道徳の時代がやってきた」とばかりに、ほくそ笑んでいる我が国の道徳教育関係者は、道徳授業を先験的（アプリオリ）なものとして捉えることで思考停止になってしまうのではなく、率先してその理由を語ってほしいものです。というのは、一九五八（昭和三三）年に「道徳の時間」の特設によって道徳授業が誕生しましたが、もう半世紀以上も経過しているにもかかわらず、未だ道徳教育にとって大きな成果があげられていないのですから、その道徳授業の中での対症療法的改善に終始するのではなく、それ自体の存在意味が問われてしかるべきです。戦前の日本を振り返ってみても、単独名称としての「道徳科」の授業は行われておらず、あくまでも「修身斉家治国平天下」（天下を治めるには、まず自分の行いを正しくし、次に家庭をととのえ、次に国家を治め、そして天下を平和にすべきである）から引用した「修身」という名称の授業が行われていたのですから、名称それ自体から根本的に考え直すという発想も、理に適っているように思われてなりません（しかし、本書の執筆中に、「特別の教科　道徳」という名称で、略称「道徳科」で正式に確定しました。したがって、この名称の点については、これ以上言及しても意味がなさそうなのでしませんが、わたし自身は、「道徳」という名称を単独で使用しないで、幼稚園から高等学校までの道徳教育を射程に入れて、子どもの成長に即しながら、「日本科」「日本研究」「人間科」「人間研究」「公共科」などの名称、あるいは「日本」「人間」「公共」「文化」「倫理」などという他の用語を適宜組み込んだ名称の道徳授業を望んでいましたから、名称だけなら、東京都の高等学校で試行実施される新教科「人間と社会（仮称）」という名称のほうがはるかにすばらしいと思っています）。

〔諸外国の道徳教育の実態〕

もちろん、世界的に見て道徳授業は少数派ですから、日本において道徳教育に関する授業は不必要であると言いたいのではありません。ほとんどの諸国において道徳授業が行われないのですから、あえて日本で行う理由というか、論拠の確立がまず必要であり、また基礎基本であると主張したいのです。そうした点をまったく押さえることなく、教科化や資料作成や指導計画、さらには評価などと形式的なことが叫ばれても、砂上の楼閣という喩えがまさに日本の道徳教育や道徳授業に当てはまってしまいます。家造りで喩えれば、土台となる基礎工事の自覚がまったくと言ってよいほど不十分なのです。

地球規模で眺めれば、イギリスやドイツ（一部の例外を除いて）をはじめ、ヨーロッパのほとんどの国々では、キリスト教が国教となり、宗教授業が学校で行われています。つまり、そこでは、道徳授業に代わって、宗教授業が行われているのです。つまり、道徳の基層に宗教が横たわっているのです。それが、キリスト教文化圏であるヨーロッパ諸国の原理原則です。例外は、先ほどあげましたフランスという国ですが、フランスはれっきとしたカトリックの国ですから、宗教授業は公立学校では行われなくても、その機能は家庭や教会で代用されていますし、それに不十分さを感じる家庭は、宗教授業を行っている私立学校に通学させています。また、イスラム教を国教とするアフリカや西アジアの地域では、宗教授業が学校で行われており、道徳授業の必要性はほとんどありません。そのように見てくると、大枠においていうならば、確固とした宗教をもつ国には、取り立てて道徳教育や道徳授業が叫ばれる必要がないことに気づかされますが、ひとつの確固とした宗教をもたない国では、生活の規範を教育内容として提示する道徳教育はどうしても必要になってきます。

それだからこそ、中国、韓国、日本のような東アジアの国々では、それなりの宗教は存在していても、国教のようなひとつの画一的・絶対的な宗教は存在しないために、学校において道徳教育や道徳授業は重要視されて当然なのです。つまり、それらの国々では、人々の価値観や価値基準の基底となっている確固とした宗教を教える代わりに、道徳が教えられるのですから、道徳教育や道徳授業においても、価値観や価値基準の基底となる確固としたものが教えられなければならないでしょう。そのように考えてくると、現在の中国では中華思想や共産主義思想を基盤にした道徳的な価値観や価値基準が、韓国では韓国の民族性を基盤にした道徳的な価値観や価値基準が教えられて当然です。実際に、そのような傾向が見られます。また、戦前の日本においては、その善し悪しは別にして、天皇を頭とする国家観を価値の支柱に据えて、国民道徳が教えられていました。

【確固とした基礎工事を欠いた日本の道徳教育】

ところが、現在の日本ではどうでしょう。聞き心地のよい「心の教育」に象徴されるような、「確固とした」とは真逆の「ふわっとした」心情に訴えて内面化を図る道徳教育、実際には心や行動を技法的にコントロールするような道徳教育が、今なお熱心に行われています。その結果、子どもの感情の在り方に重きを置いた工夫が行われても、確固とした信念に迫るような、いわば支柱を据えた道徳授業はどうしても現れにくいのです。それどころか、学習指導要領では半世紀以上にわたって「道徳的実践力」という個人の意識の内面化が強調されたわけですから、思い感じるだけ、あるいは時にはせいぜい一面的に考えるだけで、多面的・多角的に思考して行為に移すという側面がきわめて弱いのです。それでは、リーガル（合法的）な感覚や宗教的な感覚を併せ持たないとやっていけない、これからのグローバル社会において、まったく通用しない道徳教育が行われ続けることになります（ところが、二〇一五（平成二七）年三月二七日に、小学校学習指導要領の一部が改められ、「道徳的実践力」という言葉が削除されました。この変更は、素人的に見ると些細なことに思われるかもしれませんが、専門的にいうと、道徳教育に関しては、今後の改善を図っていくうえで、文部科学省の半世紀ぶりの英断としてきわめて高く評価されるエポック的なものになるでしょう。いや、ぜひ、そうなってもらいたいものです）。

喩えていえば、今の日本の道徳教育研究は、人生の家を建てる際に、確固した基礎工事をすることなく、やわらかい砂の上に支柱を立てて、楼閣の美しさを競っているようなものです。それでは、雨が降って風が吹けば、すぐに建物が横転するように、そのような道徳授業を受けた子どもは、逆境に弱く耐性のない、「心のケア」に依存する人間になるだけでしょう。実際に、子どもはそのようになっていないでしょうか。

どうして、そんなことになってしまったのでしょうか。次に、その現状を眺めながら、その原因と課題を探ってみることにしましょう。その作業を経て、日本の道徳教育にふさわしい支柱を探し出し（その前提的作業が第一章と第二章です）、それを打ち込んだ道徳教育をあとで提案したいと考えています。その前に、もうしばらく、日本の道徳教育の現状にお付き合いください。

2．学校の道徳教育の現状と課題

(1) 従来の道徳教育の功罪

[日本のオーソドックスな道徳授業]

日本のオーソドックスな従来の道徳授業は、戦前の修身科の授業から継承してきたものです。つまり、副読本の物語を一五分ないしは二〇分程度で読んで、そこでの登場人物の心情を探り、そこに何らかの道徳的価値を教え込むというものです。そこでは、授業過程は、「導入・展開・終末」というものになります。

[「手品師」という道徳資料を使った指導]

たとえば、文部省編『道徳の指導資料』として掲載されて以来、多くの副読本に現在でも掲載され続けている「手品師」(江橋照雄作) を取りあげて説明することにしましょう。しがない手品師が、大劇場の出演という世に出る大きなチャンスを断ってまで、子どもと以前に交わした約束を最優先して、子どもの前で手品を演じるという、小学校高学年向きのあの物語です。

道徳授業では、まず「導入」として、読み物資料を読ませる前に、本当のことや自分の気持ちを正直に言わなかった経験を子どもに思い出させます。次に「展開」として、読み物資料を子どもに読ませて、主人公の手品師の行動が「誠実」という道徳的価値を具現化している、ということが教えられます。その過程で、手品師の心情が彼の発言や行為などから推し量られます。そこでは、教師は、主人公の心情を推し量るのに、どのタイミングで、どんな発問をすればよいのかを考えることになります。そのような、いわばワンパターンの授業だけが求められます。最後に「終末」として、教師は、子どもに自分のことを振り返らせて、誠実な行動の大切さに気づかせるというものです。そこでは、手品師の行動をむしろ批判的に考察したり、あるいは手品師が子どもに何らかの連絡方法を見つけて（特に、携帯電話やインターネットなどの情報化が目覚ましく発展している現代の日本社会においては、まったくそぐわない想定がなされています）、大劇場に出演するというような現実的で合理的な考え方は、ほとんど緘黙あるいは否定されます。

あくまでも、特定の偏狭な場面において、悩みや葛藤などの心の揺れを煽りながら、ひとつの道徳的価値、この場合だと「誠実」に収斂されていくような指導が促進されるのです。

「「一ふみ一〇年」という道徳資料を使った指導」

また、同じく文部省編『道徳の指導資料』として掲載されて以来、今でも副読本に掲載され続けている「一ふみ一〇年」（吉藤一郎作）であっても、基本的に同類の指導が行われます。

不用意に高山植物の上に腰を下ろしてしまったところ、自然解説員に注意されたあとで、さらに自然保護センターに案内され、そこでチングルマという高山植物はマッチ棒の大きさになるには一〇年もかかることを「一ふみ一〇年」という言葉で知らされ、主人公が自分のした行為を後悔するという、あの話です。

まず「導入」として、読み物資料を読む前に、立山という場所の美しさを子どもに知らせます。次に「展開」として、資料を読ませたあとで、ここでも読者の子どもを特定の偏狭な場面の話に追い込んで、主人公の心情を探らせ、ひとつの道徳的価値、ここでは「動植物愛護」という価値に収斂されていくという指導が行われるのです。最後に「終末」として、どんな動植物もいっしょうけんめい生きているということに気づかせ、身の回りの動植物を大切にしていこうとする気持ち、つまりそうした心をもたせることになっています。そこには、心情主義の影響を反映して、どのような心の境地に達するのかが問題であって、現実の社会において具体的にどのような行為が重要なのかは問題になりにくいのです。

「くもの糸」という資料を使った指導

ほかに、資料として児童生徒作文であろうが、また有名な文学作品の一部分あるいは要約であろうが、基本的に同じような指導が行われます。たとえば、有名な芥川龍之介作の「くもの糸」であるならば、まず子どもに「自分勝手だな」と思っていることについて話し合わせたうえで、その資料を読ませ、そしてその内容について話し合わせます。その際に、「カンダタは、糸を登ってくる罪人たちを見てどう思ったのか」「再び地獄に落ちたカンダタはどんなことを考えたか」などという発問が行われて、ここでも主人公のカンダタの心情が探られます。その過程を通して、教師は、子どもに自分にもカンダタのように「自分さえよければ」という考えをもってしまうことに気づかせるとともに、カンダタの思慮の足りなさや心の狭さに気づかせていきます。最後に、教師は、子どもに導入時の話し合いを想起させ、自分の日常生活に置き換えて、改めるべき点を改めようとする気持ちにさせるように指導することになります。

「心情把握型」の道徳授業と「心当てゲーム」

このような国語科の読解のような「心情把握型」の道徳授業が、フィクション的な資料を取り替えながら全国各地で広く行われ続けています。こうした授業では、実際の生活と資料の内容との乖離が起こりやすく、わざとらしさもどうしても漂ってしまいがちです。そのうえ、主人公の心情を探る教師の発問が、子どもから見れば、教師の想定する答えとしての道徳的価値を推し量る「心当てゲーム」の問いにしばしば陥りがちです。

それでは、特に道徳的価値を推し量ることのできる少し知的で利口な子どもにとっては、その授業はわざとらしくて退屈な「心当てゲーム」の場所になってしまうのです。そのような問題性を有する授業は根本的に改善されてしかるべきですが、なぜか日本では、金科玉条のごとく、このような授業形態が行われ続けているのです。

【特設道徳の紛争・混乱とその暗い影】

その原因としては、前述したように、もちろん修身科の授業からの影響が大きいのですが、一九五八（昭和三三）年頃の「道徳の時間」の新設（「特設道徳」と呼ばれるもの）の紛争・混乱も忘れてはならないでしょう。

一九五七（昭和三二）年、第一次岸信介内閣は、民族精神涵養と国民道義の高揚に沿った教育政策の推進を目指し、同年九月に、文部大臣松永東によって、教育課程審議会に「科学技術の振興、基礎学力の向上、道徳教育の強化をめざした独立教科の特設等を中心とした、小・中学校教育課程前面改訂」についての諮問がなされた。翌年の一九五八（昭和三三）年三月には、その答申が出され、そこでは「道徳教育の徹底については学校の教育活動全体を通じて行うという従来の方針は変更しないが、さらに、その徹底を期するために、新たに『道徳』の時間を設け、毎学年、毎週継続してまとまった指導を行うこと」という、いわゆる特設道徳の見解が明示されました。その当時は、勤務評定問題、教育委員の任命制問題、教科書検定問題などを中心に、さまざまな問題で文部省（当時）と日本教職員組合とが激しく対立して混乱した時代であったために、特設道徳の実施はよりいっそう教育政策的なものと連動してしまい、道徳の時間は、日本教職員組合、さらには日本教育学会から強い反対を受けるなかで、新設されることになりました。そうした誕生の経緯は、のちの日本の道徳教育や道徳授業にとって暗い大きな影を落とすことになってしまいました。

【読み物資料の呪縛の原因】

ここでは、政治的な問題は横に置くとして、道徳教育の中身にかかわる理論的な問題について絞って言及するならば、学問的な論争が行われる中で、特設道徳の反対意見として、「道徳教育は生活指導で足りる」というきわめて説得力のある、妥当な考え方が出されていました。しかし、特設道徳を推進したい賛成派にとって、その考え方は断じて認めるわけにはいきませんでした。そのためには、文部省をはじめとした、特設道徳の賛成派にとっては、生活指導と道徳教育との差異化が何としても必要不可欠でありました。

そこで重宝がられたのが、自己の反省や望ましい心情を喚起させるような読み物資料でした。それによって、道徳的価値を包含した教材が、確実に子どもの眼前に提示できるようになりました。そして、その教材が計画的に提示されて、子どもの道徳性を高めるためには、道徳教育に特化した授業時間が必要になり、生活指導という機能や、道徳教育とかかわりが深かった社会科の領域だけでは、不可能となりました。そこに、特設道徳の存在意義が見出されましたが、その代償として国語科的な読み物資料を活用せざる得ないという拘束力が道徳授業に強く働き続けることになったのです。そのことが、のちの道徳授業の飛躍的な発展にブレーキをかけ、現在でもフィクション的な読み物資料の呪縛から道徳授業を解き放つ域には達しにくい大きな原因のひとつになっているのです。

〔自己中のおかしな道徳性〕

したがって、今でも、どのような読み物資料を選んで、いかなる発問をすればよいか、という問題を考えることだけが道徳教育研究と思っている現場の教師も少なくないはずです。得てしてそのような人たちは、「子どもの心をつかむ」とか、「子どもを涙ぐませる」とか、そのようなことが生じる道徳授業に憧れてしまいがちです。それでは、結果的に、グローバル社会ではまったく通用しない道徳性が育てられるだけです。なぜなら、グローバル社会においてつねに求められるのは、私的・個人的な心の中で感じる道徳性（従来の学習指導要領でいわれ、平成二七年の部分改定で削除された「道徳的実践力」）ではなく、行為で示す道徳性（従来の学習指導要領でいわれてきた「道徳的実践」）だ、といえるからです。しかも、こうした心情的な道徳授業は、ヨーロッパの先進諸国で行われているシチズンシップ教育とは乖離したものですし、近年の日本の文部科学省で叫ばれてきた「生きる力」の育成とも、最近になって聞かれるようになった、基礎力・思考力・実践力を内容とした「二一世紀型学力」の育成とも、さらにいえばアクティブ・ラーニングとも、まったく相容れないものです。

想像するに、心情のあり方を尊重している道徳教育関係者たちは、「子どもの感情や意志を内面で育めば、そのような子どもは必ず善い行為をする」という、信仰のようなもの（当事者たちは信仰とは思わず、信念をもっているか、あるいは思考停止しているかでしょうが）をもっているのでしょう。早く「内面化されれば、行為につながる」という信仰のようなもの、あるいは思考停止のようなものから目覚めてほしいものです。

一般的に言って、感情や意志、さらに加えるならば思考も、しばしば行為と乖離してしまいがちです。たとえば、列車の中でお年寄りが乗って来たので席を譲ろうと、個人の閉じた心の中で感じたり、意志しようとしたり、あるいは考えたりしても、実際の行為として現れないかぎり、そのお年寄りにもまた周囲の人たちにも伝わらない、自己中の道徳性になってしまうだけでしょう。リーガル的なマインドが幅を利かすような、これからのグローバル化した多様な文化の社会で求められるのは、個人の中に閉じこもった道徳性（従来の学習指導要領で言われてきた「道徳的実践力」）ではなく、感情や意志や思考に、行為が伴った統合された道徳性（従来の学習指導要領でいわれてきた「道徳的実践」）ではないでしょうか。それこそが、ＯＥＣＤでいわれる「キー・コンピテンシー（主要能力）」や国立教育研究所でいわれる「二一世紀型能力」の育成と親和性の強いものですし、また現実社会に合致したものといえないでしょうか。

そのように考えてくると、読み物資料を活用した「心情把握型」の道徳授業はまったく無意味だとはいいませんが、それだけに終始する従来的な傾向は、早く転換されなければならないでしょう。そんなことに執着しているようでは、とても道徳科の授業によって、いじめ問題は解決されるはずがないでしょう。

(2) アメリカ流の道徳教育の功罪

【改善のヒントをアメリカの道徳教育に求める】

前述したような読み物資料を活用した「心情把握型」道徳授業に満足できなかった熱心な道徳教育の研究者や教師たちは、道徳授業の改善のために、さまざまな努力を試みました。しかし、そこでは、どうしても道徳授業における「三種の神器」（学習指導要領の「ねらい」、副読本に掲載されたフィクション資料、道徳教育教科調査官の唱える「基本形」に則った改善が圧倒的に多かったのですが、改善のヒントを諸外国に求め、そこでの道徳教育を紹介する研究者もいました。そうした紹介の中でも、社会や文化の相違を気にすることもなく日本国内の教育現場で受け入れられ、かつ広く普及したのは、ラス、ハーミン、サイモンらの「価値の明確化」理論とコールバーグの「モラルジレンマ授業」というアメリカ流の二つの道徳教育理論でした。

「価値の明確化」理論への依拠

前者の「価値の明確化」理論は、アメリカの道徳教育において一九七〇年代から一九八〇年代にかけて大きな影響を及ぼしていた考え方です。その理論では、価値についての唯一絶対的な答えは存在しないという前提のもとに、一人ひとりの子どもの価値観が尊重されます。そのために、この理論に則った授業では、子どもに価値を教え込むのではなく、価値を獲得する個人の内面的なプロセスを援助することが重要視されます。それによって、従来の道徳授業においてしばしば見られる、教師側からの価値の押しつけは排除され、子どもによる価値の表現が積極的に受容されるために、自分らしい生き方が肯定されます。その結果、「自己の明確化」が進み、自己肯定感を基盤にした自己実現感が高揚されることになります。したがって、この理論に則った授業は、読み物資料を活用しながら主人公の心情を推し量り、結果的に自分の反省を強いることになる日本の従来的な道徳授業に対して、新風を吹き込むすぐれたものでした。その意味では、この理論の長所は日本の教育現場では学ぶべきものでした。

それゆえ、我が国の教育現場でも、一九九〇年代には、この理論は広く知られるようになり、二〇〇二（平成一四）年に文部科学省から発行された『心のノート』の中にも活用されるまでになりました。さらに言えば、一九八九（平成元）年の学習指導要領の改訂以来、総則の2で登場するようになった「内面に根ざした道徳性の育成」という記述の表現も、この理論の影響ないしは親和性を感じさせるものです。

〔「価値の明確化」理論の弱点〕

しかし、「価値の明確化」理論は、アメリカにおいて一九八〇年後半には激しい批判を受けたように、子どもに大切な価値を教える、あるいはそれについて指導するという、訓育機能としての道徳教育固有の特徴を弱めてしまったのです。しかも、個々人の内面に焦点が殊更絞られてしまうために、広い視野から眺めるとき、尊重されるべき普遍的・一般的な道徳的価値とそれ以外の個々人のもの（たとえば、個人的な好みや気分などのようなもの）との混同が起きかねないのです。そのような混同が起きてしまうと、この理論が目指そうとしていた健全な「自己実現」ではなく、むしろ自己中心的な肥大化した自我が強化されかねないのです。それでは、利他性よりも利己性を促進するような、「大自然の摂理」に合わない、いや、まったく反した道徳教育が行われることになってしまうのです。特に、唯一絶対的な神を信じるキリスト教文化圏では、他の物が神にすり替わるようなことも生じにくいですが、自分の内面に絶対的な神仏性の存在を感じられない日本人にとっては、自己中心的な肥大化した自我や我執が神仏の座にすり替わりかねない点で、欧米からすればアニミズムや多神教に見えてしまう日本の文化では、この理論に内在する相対主義的な特質が、とんでもない危険性を生じさせかねないのです。したがって、この理論のよさも文化の差を越えて確かに見られますが、その危険性の存在も決して看過されてはならないのです。

ところが、不思議なことに日本では、この理論の内在的な欠点はアメリカでは早くから知られていたにもかかわらず、道徳教育研究者によって早急かつ的確に伝えられませんでした。わたしを含めた日本の道徳教育研究者・学者の道義と責任が問われてもしかたがないように思います。

【「モラルジレンマ授業」への依拠】

次に、後者の「モラルジレンマ授業」についていうと、この考え方は前述したラスらの「価値の明確化」理論とほぼ同じ時期にアメリカにおいて注目されていたコールバーグ理論から生まれたものです。コールバーグという研究者の名前は、一九六〇年代の中頃から日本の教育学界や心理学界でも知られるようになり、彼の道徳性発達理論も一九七〇年代に紹介されていましたが、その名前と理論を日本の道徳教育界で一躍有名にしたのは、何といっても関西の荒木紀幸らのグループでした。

荒木紀幸らは、コールバーグの提唱するジレンマ・ディスカッションを、我が国の道徳の時間に実践できるように工夫しました。そこでは、ひとつの資料を使って二時間の授業、つまり一主題二時間の授業が行われました。最初の一時間目には、子どもが資料をしっかり読んで、自分の考えた判断に理由づけをします。次の二時間目の授業では、議論が展開され、子どもはその過程で他者の理由づけを知りながら自分自身の道徳性に関する認知発達を促進するというものです。しかし、この方法が普及するにつれて、次第に一時間の授業で完結する、いわゆる一主題一時間の授業形態に変更されながら全国に広まりました。特に、授業時間中には子どもの積極的な活動の姿勢が見られるために、この方法は道徳授業にあまり積極的でない教師たちの間にも賛同を得るものでした。特に、保護者向けの授業参観の際には、小学校のどの学年であろうが、また中学校であろうが、この方法による道徳授業は盛んに取り入れられるようになり、現在でも盛んに行われています。

「モラルジレンマ授業」の弱点

ところが、「教育に万能な方法はない」という諺通りに、この方法にも限界や弱点が間違いなく存在します。事実、アメリカにおいても、厳しい批判がこの方法に浴びせられ、それに対してコールバーグ自身がその効果の不十分さと問題性を自覚して、一九八〇年代後半には新たな方法としての、社会共同体的な側面をより強めたジャスト・コミュニティー・アプローチを提唱していました。しかし、日本では、この「モラルジレンマ授業」の方法に包含される問題性の側面はあまり顧みられないで、今でも多くの小中学校の教育現場において何ら大きな疑問を挟むことなく実践され続けています。たとえば、コールバーグの念頭にあった学校教育段階は、もっぱら高等学校でありましたが、日本ではそのようなこともあまり意識されることなく、論理的ないしは因果論的思考も十分にできない小学校低学年段階でも平気で行われています。道徳の哲理よりも、表面的な方法にしか目を向けない困った教育現場の風潮、それを助長させてしまった日本の道徳教育関係者の資質と力量、さらに言えば、我が国の道徳教育学研究者が現場の教師たちに日本の道徳教育の支柱を的確に見つけ、伝えられなかったことが、この理論の問題性を増幅させてしまったのです。その意味でも、日本の道徳教育関係者は、わたしを含めて猛省してしかるべきでしょう。

【我が国における道徳教育の訓育機能ないしは指導機能の弱体化】

いずれにせよ、両者の方法は、ある種の道徳的価値を子どもに伝達しようとする従来ながらの教師主導の道徳授業とは大きく異なるものです。あくまでも、前者の方法は個々人の中での内面化を求めるのに対して、後者の方法は社会共同体的な環境のなかで認知発達の促進を促すという大きな相違はあっても、両者とも道徳的価値の注入を避け、子どもの「自己決定」を尊重するものであったために、それらの方法を取り入れた道徳授業は、結果的にいつも答えのないオープン・エンドで終わりがちです。その意味では、アメリカから取り入れたこの二つの方法、とりわけ「価値の明確化」理論は、教師側の道徳的価値を注入することなく、つまり規範的な指示的アプローチをすることなく、子どもに寄り添った道徳教育、すなわちいわゆるロジャース流の非指示的アプローチを具現化しようとする点で、確かにすぐれた長所を有しています。しかし、結果的に道徳教育の訓育機能ないしは指導機能、特に規範的指導を弱体化させてしまう点で、大きな短所も併せもっているのです。

特に、日本の教育現場において、「道徳授業は答えのないオープン・エンドで終わらなければいけない」という風潮、さらにそこから「最新の道徳授業では教師は答えを教えてはいけない」という風潮が広まってしまい、結果的に教師の指導性が弱められ、支援・援助が偏重されるようになってしまったことは、我が国の道徳教育にとって大きな弊害となってしまいました。なぜなら、大まかにいうと、アメリカにおいては人生観・世界観に関する諸価値が教会や聖書を通して内容として教えられることが前提となっており、そのうえで学校において支援・援助が行われますが、我が国ではその前提がまったくない状況で、学校においてそうした諸価値が指導されないまま、支援・援助が行われるだけでは、道徳教育の訓育機能ないしは指導機能は働かないからです。それだけに、宗教心の弱い子どもが多い日本においては、道徳教育の訓育機能ないしは指導機能の弱体化は、キリスト教文化圏のアメリカと違って、より大きな痛手になってしまうのです。その意味では、教育の前提となっている社会や文化の差異を看過して、表面的にアメリカの道徳教育を真似ることは、きわめて危険な実践になるのです。

3. 道徳教育の改善の鍵

(1) 心理主義からの脱却と発想の転換

[アメリカにおける人格教育の台頭]

最近のアメリカでは、前述した両者の方法に代わって、新しい人格教育の考え方が一九八〇年代後半から一九九〇年代にかけて台頭するようになりました。この考え方は、前述した二つの心理主義的な方法を、子ども自身の判断に任せる点に着目して、「自己決定」の方法と見なし、その方法が子どもの道徳性を希薄化してしまった、と厳しく批判するものでした。そのうえで、重要な価値を教えて人間を育成するという人格教育が強調されました。しかしながら、そこでは、古い伝統的な方法に立ち戻るのではなく、よい点は他から積極的に取り入れようとするものでした。

たとえば、人格教育の代表的な人物の一人であるリコーナは、子どもが身につけるべき基礎的な能力として「読み」「書き」「計算」に「尊重」と「責任」という価値を加えるとともに、さらに「正直」や「親切」や「勤勉」などの他の重要な価値も教えて人格を形成すべきであるとしながらも、前述した二つの方法の中でも、そのよい点については部分的に取り入れた総合的なアプローチを模索していました。そのアプローチとして、一二の指針があげられ、実践例を踏まえた具体的な方法が提示されていました。たとえば、「学級に民主的な環境を整えること」「学習を協力的、協同的なやり方で進めること」「人間関係の葛藤を公平に、暴力によらず解決する方法を学ばせること」などがあげられていました。つまり、そこでは、価値を単に思考のレベルや心（特に感情）のレベルに留め置くのではなく、行為の習慣のレベルにまで高めることのできるような学校コミュニティの形成が求められました。

このような人格教育を標榜する道徳教育は、麻薬や窃盗や暴行などの青少年の問題をかかえていた一九八〇年代後半のアメリカにおいて好意的に受け入れられ、次第に広まり始めました。

その後、クリントン政権（一九九三～二〇〇一年）とブッシュ政権（二〇〇一～二〇〇九年）の時代に、人格教育のための多額の公的資金が拠出されたこともあって、この道徳教育の考え方は広く普及することになりました。

【我が国における人格教育の広がり】

それゆえに、日本でも、一九九〇年代以降、この新しい人格教育の考え方が知られるようになってきました。しかし、アメリカでは一九八〇年代後半には厳しい批判にさらされていた「価値の明確化」理論やジレンマ・ディスカッションの方法は、我が国の一九九〇年代では、まだまだ過剰に評価されていたために、新しい人格教育の考え方はなかなか表舞台には出て来られなかったのです。

ところが、二〇〇〇年代以降は、リコーナの名前とともに、新しい人格教育の考え方や実際的方法は、その関連本の翻訳書の発行をはじめ、学術論文の公表や学会の発表などによって、研究者の世界だけでなく、かなり教育現場でも知られるようになりました。現実に、その考え方や実際的方法を採用した教育実践も行われるようになってきました。その意味では、ようやく日本でも、まだ不十分ながらも、訓育機能ないしは指導機能の弱い心理主義的な道徳教育の弱点とともに、教えるべき価値は子どもに内容として伝えなければならないという、いわば当たり前のことがようやく気づかれ始めてきたといえるところです（というのは、「心の教育」をはじめ、「心のケア」や「心の癒し」、そして「カウンセリング」ブームが長く続く中で、「がんばらない生き方がいい」「自分に素直な、ありのままの生き方がいい」などという耳心地のよい言葉を喜んで受容する感覚が今の社会や学校の中に蔓延したために、教えるべき価値を子どもに伝えようとする規範的指導は、今でもなかなか躊躇ないしは敬遠される傾向にあります。その際に、しばしば道徳的な究極目標のように、あるいはお題目のように語られるのは、「自己肯定感」や「自己実現」という、真に若者が達成できない言葉です）。

〔問われない根拠〕

しかし、たとえばリコーナの場合、いかなる理由から「尊重」と「責任」という価値がとりわけ教えるべきものとして尊重されたのか、あるいは、いかなる理由からさらに「正直」や「親切」や「勤勉」などの他の価値が教えるべきものとして加えられたのか、という説明の拠って立つ根拠が、わたしの勉強不足かもしれませんが、一目見てわかるように提示されていないように思われます。もちろん、リコーナのたまたまの思いつきというのはないでしょうが、きっと何らかの発想の出所はあるのでしょう。たとえば、アメリカということから推察すると、民主主義社会の理念から導き出されたのでしょうか。あるいは、キリスト教の教えから、特にリコーナの信じるキリスト教から導き出されたのでしょうか。それとも、それらがリコーナのなかで融合・複合されたものとして導き出されたのでしょうか。

いずれにせよ、そのあたりのことも理論的に理解したうえで、リコーナの言う人格教育のよいところが参考にされないと、結局、「価値の明確化」理論や「モラルジレンマ授業」の時と同じことで、表面的で形式的な理論や方法が真似られるだけで、それらの方法のもつ、いわば毒作用も日本の教育界に気づかぬうちに受け入れられてしまうだけでしょう。

【自国の道徳教育に必要とされる思想的・哲学的基盤】

想像するに、それぞれの国や地域の道徳教育は何らかの思想的宗教的基盤を下敷きにして、できあがっているはずです。したがって、他国の道徳教育については、すぐれた点は大いに参考にしてよいとしても、我が国としては社会や文化の異なる地域の道徳的な価値観をそのまま受容する必要はまったくないのです（ただし、国や地域、あるいは宗教的差異を超えて、互いに大切にすべき共通の価値を見つけ、尊重する姿勢もグローバル化社会の中で忘れられてはなりません）。

ところが、戦後の日本においては、前述したように、得てして特にアメリカからの理論の輸入が、その国のアイデンティティと深くかかわる道徳教育の分野でも何の疑問もなく促進されてきたのです。これでは、意図的か無意図的かわかりませんが、日本で培われてきた精神性や文化が喪失してしまいます。したがって、今後の我が国では、ますますグローバル化社会が進展することになりますから、自分たちの日本およびその地域の文化を尊重し、そして歴史に根づいた思想的・哲学的基盤をもって、自分たちの道徳教育を広い視野から構築することが重要な課題になってくるのではないでしょうか。もちろん、殊更に日本の特殊性を強調することで、他国を見下して自国を自慢する気はわたしには毛頭ありませんが、後述するように、地勢学的にも文化的宗教的にも、そして歴史的にも日本は間違いなく他と大きく異なる特徴的な独自性を有していますから、その独自性に基づいた「日本発の道徳教育」を生み出せる素地は確実にあるように思いますし、そうすることが世界に対しての日本の使命のように思われてなりません。何しろ、日本には、ひとつの宗教を、特に一神教の宗教を思想的・哲学的基盤に据える必要はないのですから、世界に通用できる道徳教育を生み出す可能性が内在化されています。その意味で、自信と誇りをもって、「日本発の道徳教育」を国民みんなで考えていきたいものです。

コラム2

シュタイナーから見た日本の独自性

吉田武男

世界で千校以上も点在するシュタイナー学校の創始者で、ドイツを中心に活躍した神秘学的哲学者のシュタイナー（一八六一－一九二五）は、ヨーロッパ諸国の外には出たことがないのですが、次のような奇妙なことを言いつつ、地球における日本の独自性を語っていますので、紹介します。彼の説は、まったく現代科学で証明できるものではなく、宗教的・幻想的なものに思われますが、呆れかえらないで少し聞いてください。

「シュタイナーによると、地球はもともと球体ではなく、正四面体であったというのです。四面体について説明すると、底辺の三角形の上に、三つの三角形がピラミッドのように立ったものです（図3－1）。このそれぞれの三角形の平面を少し歪曲させると、丸くなった四面体ができます（図3－2）。これを地球と見なし、平面で描いてみます（図3－3）。すると、南極からコーカサスに線があります。また、南極からコリマにも線があります。そして、コリマからスイスを抜けてコーカサスまで線があります。これらの三角形を底面と考えて、頂点を考えてみるのです。その頂点こそが日本です。彼によると、これが元々の地球のかたちなのです。これらの線を追っていくと、火山があることになっています。つまり、頂点に位置する日本に、三つの地点から線が向かうことになっているのです。彼によると、その四面体を四つの三角形で貼り合わせてつくると、それらの線の部分が火山帯にあたります。つまり、その貼り合わせの部分が火山として噴火するというのです。そのような噴火は地球の内部から働きかけられるものではなく、太陽に対する星の位置関係で決まるといいます。」

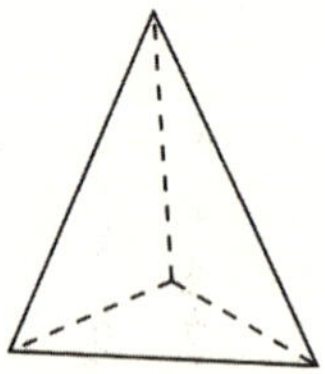

図３－１　正四面体の地球

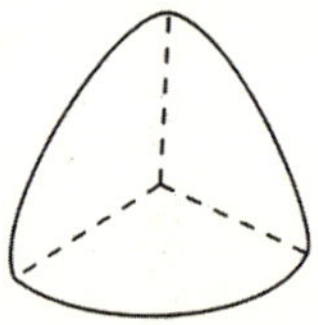

図３－２　丸くなった正四面体の地球

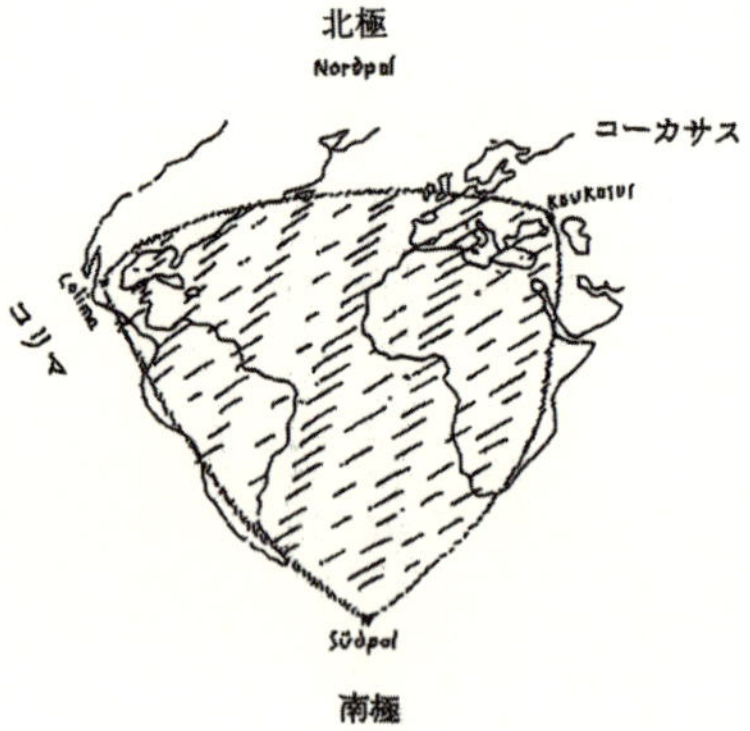

図３－３　平面で描いた地球

出典：村上和雄・吉田武男・一二三朋子『二一世紀は日本人の出番―震災後の日本を支える君たちへ―』（学文社、二〇一一年）より

(2) 求められる学習指導要領の大改訂

[道徳教育の変革の鍵となる学習指導要領]

では、日本の精神性に適った道徳教育を構築していくには、どこから手をつけるのが最も有効で、効果的なのでしょうか。

欧米や中東諸国と違って、日本の場合、特定な国教もないために、学校教育が知育に特化することなく、人間形成ないしは人格形成に関して、深くかかわっています。その関係で、我が国にあっては、学校教育、特にそこでの道徳教育の役割はきわめて大きな位置を占めるのです。その点から言えば、学校教育の我が国の基準を提示する学習指導要領は、本来ならば学校のみならず家庭や社会の領域にも広がる人間形成ないしは人格形成にとっても、大きな影響を及ぼすことになります。

その意味で、学習指導要領は、日本の道徳教育を変革する重要な鍵となっているのです。したがって、学習指導要領の中での道徳教育に関する記述は、いつまでも過去の因習を引きずることなく、時代や社会の変化に対応させながら改善させていかなければなりません。特に、知識基盤社会化やグローバル社会化に対応できるような、新しく、かつ日本的なアイデンティティを喪失しない道徳教育が求められるべきなのです。

【文言の加筆修正が繰り返されるだけの学習指導要領】

ところが、学校の道徳教育に関しては、一九五八（昭和三三）年版の「道徳の時間」の特設以来、現在まで半世紀以上が経過しているにもかかわらず、文言の加筆修正が行われ続けただけで、道徳教育の基本方針をはじめ、目標や内容なども基本的に大きく変更されていないのです。たとえば、一九五八（昭和三三）年版と二〇〇八（平成二〇）年版の学習指導要領に記されている道徳教育の目標の文言を見てみましょう。

前者の学習指導要領の中では、次のように記されていました。

「道徳教育の目標は、教育基本法および学校教育法に定められた教育の根本精神に基く。すなわち、人間尊重の精神を一貫して失わず、この精神を、家庭、学校その他各自がその一員であるそれぞれの社会の具体的な生活の中に生かし、個性豊かな文化の創造、民主的な国家および社会の発展に努め、進んで平和的な国際社会に貢献できる日本人を育成することを目標とする。」

後者の学習指導要領の中では、次のように記されていました。

「道徳教育は、教育基本法及び学校教育法に定められた教育の根本精神に基づき、人間尊重の精神と生命に対する畏《い》敬の念を家庭、学校、その他社会における具体的な生活の中に生かし、豊かな心をもち、伝統と文化を尊重し、それらをはぐくんできた我が国と郷土を愛し、個性豊かな文化の創造を図るとともに、公共の精神を尊び、民主的な社会及び国家の発展に努め、他国を尊重し、国際社会の平和と発展や環境の保全に貢献し未来を拓《ひら》く主体性のある日本人を育成するため、その基盤としての道徳性を養うことを目標とする。」

このように、半世紀を超えて文言が基本的に変わらず、まさに加筆だけが続けられてきました。長年にわたる加筆修正の結果、二〇〇八（平成二〇）年の学習指導要領を読んでみても、簡単には一文二三八文字（句読点を含む）で長々と書かれた目標の中身は、五〇年前のものより理解できないはずです。その証拠に、いま学習指導要領の文章に目を通してもらった読者に対して、「道徳教育の目標は何ですか」という簡単な問いに対して、皆さんは二〇〇八（平成二〇）年の学習指導要領の文章からすぐに答えられるでしょうか。おそらく、一般の多くの教師たちは、記述内容がごちゃごちゃしていて的確に答えられないはずです。

そこで、単刀直入にいえば、学習指導要領における道徳教育の目標についての記述は、とても教科としての教育目標に値するものになっていないのです。記述内容からいえば、その内実は、道徳教育の「意図」あるいは「ねらい」という性格のものです。あえて目標の名称の区分にあてはめてみるならば、それは、「達成目標」ではなく、「方向目標」の類に属するものでしょう。それだから、このごちゃごちゃした道徳教育の目標に適った通常の評価基準を作成することは、絶対に不可能なのです。

〔求められる道徳教育の目標と内容の改善〕

このようなものを教師たちに道徳教育の目標として提示しておいたまま、道徳教育を熱心に実施するように文部科学省・教育委員会や校長・道徳教育推進教員が叫んでみても、あるいは「道徳の教科化」が行われても、何を差し置いても、まず学習指導要領における道徳教育の目標を根本的に改善しない限り、大きな効果は期待できないでしょう。それどころか、道徳授業が教科授業と同一的な基準で見られてしまうことによって、道徳授業特有の存在意味が顧みられなくなり、「特別の教科　道徳」が、目標の未熟さをはじめ、内容の系統性のなさなどの弱点を指摘され、他教科の中で程度の低いお荷物的存在のように見られかねません。

本来的に言って、道徳教育は各教科教育の根底に存在するものですから、その授業がそんな惨めな位置に据えられてはなりません。早急に、道徳教育関係者は危機感を共有して、まず目標の根本的な改善作業に従事しなければならないでしょう。道徳が領域から教科に格上げされたと思って、関係者は浮かれている暇などないのです。

もちろん、改善しなければならないのは、道徳教育の目標だけではありません。道徳教育の教えるべき内容も根本的に変えなければならないでしょう。特に、今でも多くの教育関係者は疑問を挟んでいないようですが、教えるべき道徳教育の内容の項目が個々の自分自身のことから出発して整然とまとめられた一九八九（平成元）年版の記述内容は、「個性重視」の時流を背景にした利己的な個人主義、それと軌を一にした、内面的な心の在り方を偏重する心理主義的道徳教育の風潮を助長させている点で、早急に改められるべきでしょう。この点について、もう少し詳しく説明しましょう。

【四つの内容項目の区分という呪縛】

一九八九（平成元）年版の学習指導要領では、羅列的な表示であった内容項目が、「主として自分自身に関すること」「主として他の人とのかかわりに関すること」「主として自然や崇高なものとのかかわりに関すること」「主として集団や社会とのかかわりに関すること」という四つの視点から区分されました。この区分によって、内容項目が括られたために、一見して、より整理されたかたちになりました。

その結果、内容の全体性と相互の関連性と発展性が明確化され、内容項目間の重複もかなり解消されました。したがって、一九八九（平成元）年版で行われた改訂は、おおむね道徳教育関係者に好意的に受け取られ、一九九八（平成一〇）年版および二〇〇八（平成二〇）年の改訂でも、この区分はそのまま継承され、さらに二〇一五年三月の部分改正でも、文言等の一部修正はあるものの、この四つの区分それ自体は基本的に継承されているように、この区分について批判する声は、現在のところあまり聞かれない状況にあります。

【個人主義の価値観に立脚した内容区分】

しかし、重大な問題性が内容項目に関する四つの視点からの区分に垣間見られます。その点について、ここでは紙幅の関係もあって簡単に説明しますが、そもそもこの内容区分の論拠が、長々記された道徳教育の目標とまったく関連していないということです。つまり、目標と内容の乖離が深刻な問題なのです。そのうえ、心理主義化という点に注目すると、この区分の順序は、カテゴリーの中でも「自分」を最も重視するという意味から「自分自身」が最初にあげられ、その次に「他の人」「自然や崇高」「集団や社会」と広がっています。そこでは、後ろの三つの内容はすべて「自分」の目線から対象を見て獲得しなければならない徳目（道徳的諸価値）になっています。言い換えれば、この区分は、「自分自身」「自分と他の人とのかかわり」「自分と自然や崇高なものとのかかわり」「自分と集団や社会とのかかわり」といえますから、つねに自分自身が世界の中心に位置づけた徳目区分になっているわけです。つまり、価値観の基礎が、自分自身を中心に置く世界観、俗な言い方をすれば、何でも「自分」「自分」の個人主義の価値観、すなわち「利己」の精神に置かれてしまっており、「利他」の精神をはじめ、「利他」と「利己」の精神を絡めたような現実的な道徳観は完全に弱められているのです。

したがって、すべての区分の内容項目を眺めても、そのひとつの証拠に、現実社会でしばしば出会うであろう「自分のことを差し置いても、まず困った人を助けよう」という善意の行為を誘発する内容はほとんど見当たらないのです。つねに、閉じた個々人の自分の中で、どう捉えるかという価値観がもっぱら優先されてしまっており、そこには価値や真理などの抽象的概念を個人の心理的作用として把握しようする心理主義の姿勢が色濃く出ているのです。それですから、利己主義と心理主義との親和性について、もっとわれわれは警戒しなければなりません。そうでないと、欧米の個人主義思想の社会的歴史的宗教的背景やその本質が伝播されずに、ただその表象的な言葉だけが根づいている日本にあっては、閉じた個々人の自分の中で扱われる道徳教育は、「利他」とは正反対の、わがままな利己主義や「自己実現」という悪魔を育てていることになりかねないのです。そこには、あの忌わしい神戸の酒鬼薔薇少年の事件につながるような、利己主義や「自己実現」幻想の行き着いたところという感じをもってしまうのは、わたしの思い過ごしでしょうか。

「自利」と「利他」

もちろん、自分のことを考えないで、他人のことを考えるだけの利他主義になるべきだ、とわたしは主張しているわけではありません。つねに、自分と同時に他人を愛する、あるいは利する生き方を考える、さらにいえば自分を生かす「自利」と、他人を生かす「利他」とをバランスよく調和させる関係性の道徳が重要だ、という点を強調したいのです。なぜなら、第一章において、特に生命の二面性のところで指摘されたように、相反するもののバランスが生命の維持や宇宙の存在にとって大切であり、それこそが「大自然の摂理」に適っているからです。そのような道徳が、この机上的な四つの区分によって人為的に葬り去られてしまっているのです。その意味では、道徳の哲理というべき「大自然の摂理」に反した区分が、学習指導要領の中で行われているといえるでしょう。

その結果、実際的な道徳教育において、どのような弊害が現れるのかについて、具体的に見てみましょう。少し堅い話になりますが、ここの歴史的経緯が大まかでもわからないと、現在の問題状況が全体的に見えてこないために、未来に向けての改善すべきポイントが不明確になってしまいます。しばらくご辛抱ください。

【学習指導要領に記された道徳の内容項目の欠陥】

たとえば、一九八九（平成元）年版の前にあたる一九七七（昭和五二）年版では、内容項目の⑨は、次のように記されていました。

⑨「人の忠告をよく聞いて自分を反省するとともに、思慮深く節度のある生活をする。」（低学年においては、人の忠告を聞いて過ちや欠点を素直に認め、わがままをしないことを、中学年においては、更に、度を過ごさない生活をすることを加え、高学年においては、常

に言行をふりかえり、思慮深く行動するとともに、節度のある生活をすることを、主な内容とする。)

前半部分の「人の忠告をよく聞いて自分を反省する」についてですが、「人の忠告をよく聞いて」の内容は、一九八九(平成元)年版には見られませんが、「自分を反省する」というだけの内容は、「主として自分自身に関すること」の区分の中に、「よく考えて行動し、過ちは素直に改める」として組み入れられています。つまり、一九七七(昭和五二)年版では、「反省」という自分自身の価値内容は、「忠告」という他人との関係において示されていたのに対して、一九八九(平成元)年版では、あくまでも閉じた個人の中で完結されることになりました。その意味では、「反省」という道徳的価値は、現実の生活を断ち切られたかたちで、個人の閉じられた心の中の問題にされているのです。また、一九七七(昭和五二)年版の後半部分の「思慮深く節度のある生活をする」という「節度」の内容項目も、一九八九(平成元)年版では、すべての学年を通して、「主として自分自身に関すること」の区分の中に組み込まれ、個人の閉じられた心の中の問題にすり替えられています。本来的に言って、「反省」や「節度」という道徳は(もちろん、ほとんどのものがそうですが)、個人の閉じられた世界で孤立的に機能するものではないだけでなく、他の道徳的諸価値とも複雑につながる中で実際の生活に生かされるものです。事実、一九七七(昭和五二)年版の『小学校指導書道徳編』にも、この道徳的価値は、⑱「互いに信頼し合い、仲よく助け合う」、⑲「偏見をもたず、だれに対しても公正公平にふるまう」、㉔「社会の一員としての自覚をもって、公共物を大切にし、公徳を守る」などの項目に見られる「連帯の精神に強く支えられている点を忘れてはならない」と記され、さらに⑤「自他の自由を尊重し、自分の行動に責任をもつ」、㉒「権利を正しく主張するとともに、自分の果たすべき義務は確実に果たす」という点にも「深くかかわっている」と指摘されています。

このように見てくると、一九八九（平成元）年版では、他人の忠告を聞いて反省したり、他人と相互に忠告し合うような、きわめてすぐれた教育的な人間関係も、個人の内面の問題に閉じ込められてしまい、実際の他者との関係でも、また学校生活のような集団や社会の中でも必要とされていない、ということになってしまっているのです。まさに、四つに区分することによって、ひとつの内容の面だけを、しかも目標ともまったく乖離したかたちで個別に取りあげるという形式が、バランスやつながりを大切にするという「大自然の摂理」に適った道徳の本質をいちじるしく歪めてしまっている、といえるのです。

【自己変革できない日本の道徳教育界】

このように、少し見ただけでも、二〇〇八（平成二〇）年の学習指導要領には、言い方が厳しいですが、致命的な欠陥が白日の下にさらされるのです。ところが、現時点でもそれを根本的に改めようとする勇気も姿勢もまったく道徳教育関係者には見られません。困ったことです。たとえば、次回の学習指導要領改訂に向けて検討されている文部科学省内の教育課程部会道徳教育専門部会の議事録を眺めても、ディスカッション、対話、コミュニケーション、スキル、評価、資料など、ほとんどが対症療法的なハウツーが議論されるだけで、「道徳の教科化」という大転換のときに、道徳教育の根本的な考察がほとんど行われていません。

これは穿った見方かもしれませんが、例年ながらの文部科学省のやり方では、学習指導要領を根本的に改めたくても、それをするだけの見識と能力、さらに言えば道徳教育、もっと言えば道徳を基底から支えるだけの哲理や人間観・世界観を携えているすぐれた研究者の協力が欠如しているのではないかと思われます。もちろん、その点について学問的・科学的な裏づけに基づいて論証するだけの能力も余裕も筆者にはありませんが、日本教職員組合や日本教育学会の反対を押し切るかたちで、「道徳の時間」の特設を記した一九五八(昭和三三)年の学習指導要領の改訂に際しては、日本倫理学会長であった勝部真長をはじめ、当時の文部省は道徳教育関係の一線級の学者を幅広く全国から集めて議論・作成させていたように思います。

もちろん、わたしも浅学菲才の身ですので、批判はできても、きちんとした対案を出せる能力ももち合わせていません。しかし、今の日本の道徳教育を改革して、世界に寄与できるようなものにしたいという、気概だけはもっています。そこで、他の考え方を批判して、自分の考えを示さないような卑怯な行為をしないで、厳しい批判を覚悟して、道徳教育に関する個人的な主張の要点を次に示したいと思います。

したがって、次に論述する内容は、あくまでもわたしのきわめて個人的な見解と受け取ってください。そのうえで、なぜそのような見方をしてしまうのかについて、日本の道徳教育の状況を過去から振り返りながら説明・釈明するとともに、単なる現状批判に留まるのではなく、日本に適った新たな道徳教育の構想を果敢に提案したいと思います。

4．日本版道徳教育の提案

(1) 道徳教育の絶対的基底

【「道徳の時間」特設時の混乱とトラウマ】

二一世紀に向けて新たな道徳教育を提案する前に、まずここでは、繰り返しになる箇所もあり、また他の著作で示した内容も含まれますが、道徳教育の問題状況を過去との文脈の中で、再確認しておきたいと思います。そこに、未来に向けて改善する指針のヒントが隠されているように思われるからです。

道徳教育に関しては、繰り返していいますが、一九五八（昭和三三）年の「道徳の時間」の特設以来、現在まで大きな効果や成果をあげることもなく半世紀が経過しているにもかかわらず、文言の加筆修正が行われ続けただけで、道徳教育の基本方針をはじめ、目標や内容なども基本的に大きく変更されていません。

一九五八（昭和三三）年、「道徳の時間」が教育学者や日本教職員組合などの反対を押し切るかたちで特設されました。その際、理論的な批判として的を射ていたものの代表は、「道徳教育は生活指導で足りる」という主張でした。その主張は、学校の教育活動全体で行うという戦後の道徳教育の方針ときわめて親和性を有するものでした。それゆえ、道徳を集中的に取りあげる授業を何としても設置したかった文部省（当時）は、そうした主張を退けるためにも、基本的に戦前から行われていた読み物資料を利用したような授業を推進していくように決断したと思われます。そのような授業は、学校の教育活動全体を通して道徳教育を教えようとするいわゆる全面主義道徳教育の下、社会科の中で社会認識を育てる過程で、道徳的価値を教えようとする戦争直後からの方針と決別する意味でも、大きな役割と意味をもつものでした。

したがって、ある面では、読み物資料を利用したような授業は、「道徳の時間」を定着させるために、時代的にも大きな意義を有するものでした。しかし、いわばその副作用として、道徳授業は、教える目標や内容は別として、その方法という面に限って言えば、戦前の普通の修身授業と類似したものとなりました。さらに大枠においていえば、社会科授業と乖離した、国語授業における物語の読解指導に近いもの、しかも教える側が用意した、わざとらしいひとつの価値の答えに一面的に収斂させていくものになってしまいました。それだけに、その後、さまざまな道徳資料や副読本が作成されましたが、なかなか道徳授業の活性化に大きく寄与するものになりませんでした。

そこで、道徳授業において、道徳資料や副読本を利用しながらも、視聴覚機器の併用や役割演技（ロール・プレイング）の導入など、指導上のさまざまな工夫は長く行われてきました（現在でも、続けられています）。もちろん、地道な道徳教材の開発、発問の方法や板書の工夫など、道徳教育関係者は日々努力を重ねてきました。しかし、大きな効果や成果は、戦前の修身へのアレルギー、さらには「道徳の時間」の特設に際してのトラウマという問題もあって、なかなか得られませんでした。

【打開策をアメリカに求めた研究者たち】

その中にあって、研究者たちは打開策を海外諸国、とりわけアメリカの道徳心理学に求めました。その結果、既述したように、アメリカンカルチャーの影響を色濃く受けた心理主義的な、ラス、ハーミン、サイモンらの「価値の明確化」理論、さらには同じくアメリカンカルチャーの影響を色濃く受けた討議的なコールバーグのジレンマ・ディスカッション（モラルジレンマ授業）の方法などが、一九九〇年代を中心に、道徳教育の指導法として積極的に導入されました（一時的なブームは去りましたが、現在でも子どもの「自己決定」を尊重している点が高く評価されて、広く引き継がれています）。

最近では、アメリカの流行を追随するかのように、リコーナを中心とする新しい人格教育の考え方や実際的方法が導入され始めています。そのあいだには、出自の点からはアメリカと言えるような、心理学的技法を取り入れたグループ・エンカウンターやスキル・トレーニングという方法も活用されてきました（現在でも、その傾向は続いています）。

【『心のノート』の登場】

そうした流れの中で、日本においては、「心の教育」の時流を追い風にしながら、『心のノート』が作成されました。既述したように、この教材は、二〇〇二年に文部科学省から発行されたものです。

もちろん、この教材の内容が、全面否定されるべきものではありません。この教材によって、教師の用意した道徳的価値を子どもに高圧的に教え込もうという雰囲気は弱まり、子どもの自主性・自発性、さらには気持ちを尊重する指導が大切にされるようになりました。その点ではよかったのですが、『心のノート』という名称が顕著に示すように、道徳教育の専門家に、「心の専門家」を加えたような、つまり道徳を心理的なものに偏らせてしまったために、奇妙な教材ができてしまいました。その奇妙さこそが、今の日本の道徳教育をさらに歪めている病巣の象徴になっていると思われますので、その点について少し詳しく見ていくことにしましょう。

心というフィクションの世界に執着し過ぎた『心のノート』

たとえば、小学校一・二年生のものの表紙を見ると、いきなり二人の子どもが胸に『心のノート』を抱きしめて、雲の上をうっとりして漂っているような絵が描かれています。それは、まるでどこかの宗教（皮肉的な言い方をすれば、「心理教」「こころ教」と呼べるもの）のパンフレットと見間違ってしまいます。何の目的でこのようなフィクションの世界が、現実の生活の中でよりよく生きる規範を教える道徳教育において、異様なほど強調されるのでしょうか。はなはだ疑問です。

また、五・六年生の『心のノート』のあるページを開くと、「心のハンドル」「心のペダル」「心のブレーキ」という言葉があげられていますが、「そんなものはあるのですか」とたずねてみたくなりますが、そもそも、「心」を取りあげるに際して、「心はあるのか」「心はモノなのか」という根本的な問いはまったく発せられていません。さらに、中学校の『心のノート』のあるページを見てみると、「心の姿勢」という表題が掲げられ、「街中で大きな硝子窓に映った自分に気づいた。いつもまっすぐ胸を張って歩いているつもりなのになんだか自信なさげにうつむきかげんに歩く私がそこにいた。」という文章が書かれています。その横に、うつむいて歩く自分の姿が硝子窓に映っており、それにハッとする女性の姿が描かれています。そもそも、「身体の姿勢」という言葉はわかりますが、「心の姿勢」という表現は日本語として奇妙な感じを覚えませんか。そのうえ、このような奇怪な窓硝子がいったい現実の社会のどこにあるのか、ぜひ執筆者におたずねしたいし、いったいどのような道徳をこのような記述で子どもに教えたいのであろうかと、次々と疑問が噴出してきます。その意味でも、『心のノート』は、現実生活の規範である道徳を心理的なものに偏らせるといかにおかしなものになってしまうかということを、見事なほど顕著に示してくれる教材です。

〔自分の心に執着した『心のノート』の極み〕

そのおかしさの極みというべきものは、小学校三・四年生のものの「あやまちを［たから］としよう」という表題のページです。そこには少年がサッカーボールで植木鉢を壊してしまい、持ち主らしい男性に叱られている、という挿絵が入っています（図3－4）。そのうえで、「あやまちは、これからの自分をよくしていくための［たから］となります。それには、あやまちをしてしまった原いんをよく考えて、『もう、これからはぜったいにしないぞ』と、強く思うこと

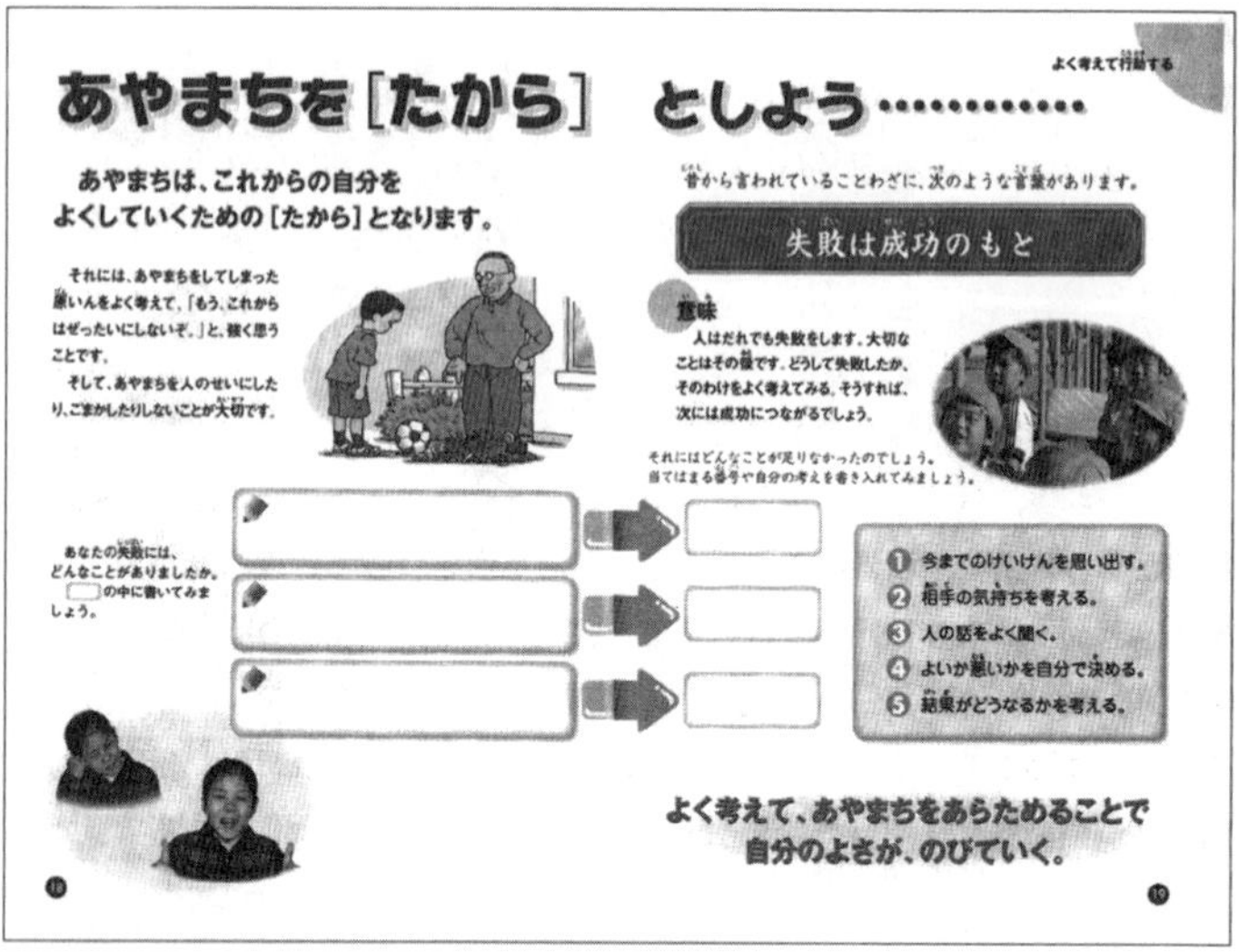

図３－４　『心のノート』（初版）

です」「あやまちを人のせいにしたり、ごまかしたりしないことが大切です」「失敗は成功のもと」などの文言が記されています。

　そこでは、自分の心の中で自分の失敗から学んで成功に導いていくことが奨励されています。つまり、思慮・反省という道徳的価値に収斂させる指導が求められているのです。そのような意図は決して間違いではありませんが、複雑多岐な現実の生活や社会を念頭に置くならば、あまりにも偏狭で一面的な思考の結果です。たとえば、現実生活では、「失敗は成功のもと」ということもありますが、「怪我の功名」ということも十分にあり得ます。また、あやまちを認めずにその場面で逃避したことが、後々の後悔につながり、それ以降の生き方の根本的な改善になることも十分にあり得ます。つまり、置かれている状況性や、時間的なスパーンなどを考慮していくと、さまざまな捉え方が考えられるのです。それが道徳の特徴です。

　ところが、この教材では、そのような多面的な見方が考慮されることなく、一面的な思考が求められてしまっているのです。それどころか、一面的な思考でも、自分の心の中で思い上がったとしか思えない、反省もしない、心から謝りもしないという、反道徳的な行動が結果として奨励されてしまっています。その酷さは、戦前の修身の国定教科書と比べれば火を見るより明らかです。

図３－５　『国定修身教科書』（第３期）

　修身科の国定教科書にも、似たような場面の資料が掲載されていました（図３－５）。そこには、「アヤマチヲカクスナ」というテーマで、トラキチという少年が他人の家の障子をボールで破ってしまい、謝っている場面とともに、「トラキチ　ノ　ナゲタ　マリガ　ソレテ、トナリ　ノ　シヤウジ　ヲ　ヤブリマシタ。トラキチ　ハ　スグトナリ　ヘ　アヤマリ　ニ　イキマシタ。」という文章が示されています。確かに、この資料も単純で一面的な思考をさせているだけですが、『心のノート』のように、現実の失敗を心の中に閉じ込めたうえで反省して、自分の行動を心の中で思うのではなく、現実の失敗に対して、現実にまず何よりもすべき行為、すなわち「謝る」という行動が明瞭に示されています。道徳が社会生活を生きていくうえでの規範であることを勘案するならば、この修身科の記載のほうがはるかに理にかなっています。ましてや、「あやまちを「たから」としよう」というページは、平成一〇年度版の学習指導要領に照らせば、「よく考えて行動し、過ちは素直に改める」という内容項目（1-②）に対応しているわけですが、修身科の教科書よりも内容的に「過ちは素直に改める」というものに合致していないことは明白です。

ところが、批判が執筆者たちに届いたのかどうかわかりませんが、二〇〇六年に発行された平成一八年度補訂版では、先ほど指摘した箇所については、写真や文章はまったく変わっていませんが、サッカー少年の挿絵だけが差し替えられています（図3-6）。その差し替えられた挿絵を見ると、少年が花壇の花をボールで倒してしまい、元通りにならないか手で直そうとしている絵が描かれています。つまり、このページのねらいは、まったく変更されていないわけです。それどころか、ついに心の中では「失敗は成功のもと」などと思っていても、外見だけは反省の念を示していた少年の姿が削除され、それに代わって、公共物を壊しても反省もしない、悪く見れば、自分の失敗をごまかそうとしている少年の利己的な姿が提示されているよう

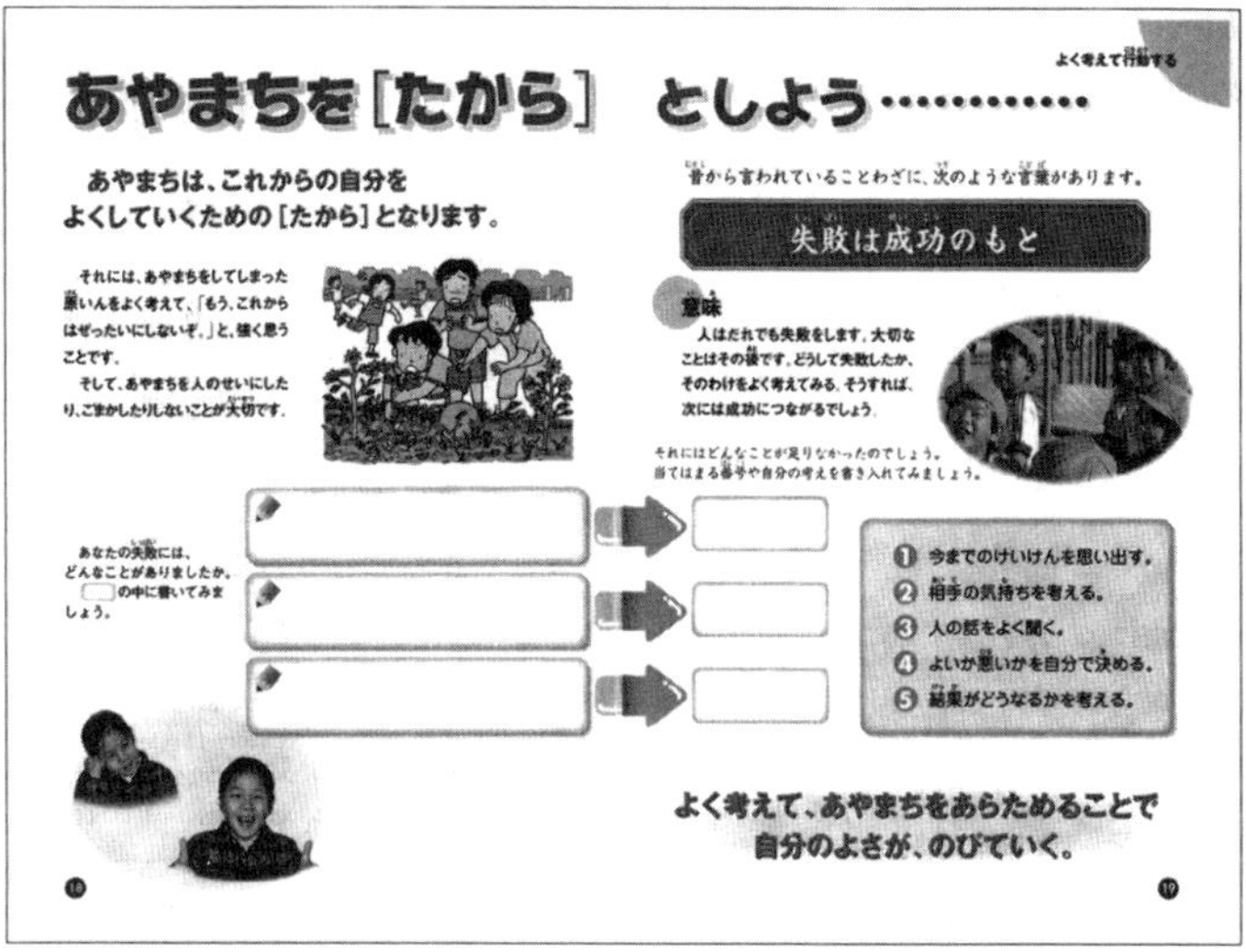

図３－６　『心のノート』（平成18年度補定版）

にさえ見えてしまいます。これでは、補訂版の挿絵は、学習指導要領に記された「よく考えて行動し、過ちは素直に改める」という内容項目からますます乖離していることになるのではないでしょうか。どのような意図で、このような付け焼き刃的な処置がなされたのか、わたしは疑問を禁じ得ません。

【『心のノート』から『私たちの道徳』へ】

二〇一四（平成二六）年度からは、『心のノート』に代わって、『私たちの道徳』が文部科学省から配布されることになりました。『心のノート』において、繰り返し強調されていた「私」という一人称単数が表紙だけでも「私たち」という一人称複数に変更されたことは、好ましい傾向です。何しろ、先に見た「あやまちを［たから］としよう」という表題のページに顕著に示されていたように、個人の内面化だけに執着したばかりに、日常的な社会性の欠如したような道徳が奨励されることになってしまったのですから、「私」よりも「私たち」に重心を移すことは喜ばしい変更です。また、題名にモノなのか、あるいは働きなのかよくわからないような「心」という言葉に替えて、「道徳」という言葉が堂々と明示されたことも、正攻法でとてもよいと思います。

【『私たちの道徳』の問題点】

しかし、『私たちの道徳』も内容的に大きな問題を抱えているというのも事実です。というのは、『心のノート』と骨組みはまったく変わっていないのです。つまり、一九八九（平成元）年版の学習指導要領から継承されている四つの区分を大前提とし、内容項目に対応させたものがその内容となっているのです。そのうえ、それぞれの内容は、すべて『心のノート』に記されたものを発展させたように見せた加筆修正に過ぎません。そこに、『心のノート』にはこれまで存在しなかった読み物資料が付加されました。しかも、その読み物資料は、いくつかを除いて、ほとんどすべて過去に作られた資料を持ち出してきたものです。

したがって、辛辣に喩えて言えば、現在の『私たちの道徳』は、賞味期限の過ぎた『心のノート』と、倉庫の隅に埋もれていた読み物資料を合体させ、そこに色とりどりの現代的化粧をほどこしたものに過ぎません。それゆえに、『私たちの道徳』は、授業において必ず使用されないといけないとなると、これまで自由裁量の大きかった『心のノート』と違って、現場の教師にとってかなり使いづらくなるはずです。その結果、せっかく道徳授業に注目が集まる好機に、普通一般の教師たちに道徳授業に対する嫌悪感が生じてしまわないか、あるいは道徳授業に対してそもそも反対の研究者あるいはモチベーションの低い教師たちにおかしな口実を与えてしまわないか、さらに最悪なケースとして、後者の教師たちに前者の教師たちがコラボレーションを起こしてしまわないか、わたしは心配でなりません。

また、道徳教育にこれまで専門的に携わって来ていないような文部科学省の職員や委員をはじめ、疑う心をもたない正直な教育現場の教師たちは、道徳教育関係者の姑息で巧みなやり方に、内実も知らずにありがたく受け取ってしまうかもしれませんが、少し道徳教育に長く携わってきた人たちなら、あるいは道徳授業の否定を生業にしてきた研究者や教師たちならば、簡単にその正体を見抜くことができるはずです。それなのに、そのような教材を「特別の教科　道徳」に活用するように教育現場の教師が強要され続けたら、その批判や不満は、次第に『私たちの道徳』という教材から「道徳科」の授業の存在それ自体に向けられてしまうかもしれません。それでは、「道徳の時間」から「道徳科」への大胆な変更は、水泡に帰することになってしまうだけでなく、道徳授業に無理解な教師を多量に生み出してしまい、それによって道徳教育のイノベーションの貴重な機会も完全に失われてしまいます。

【道徳教育の絶対的基底の必要性】

もちろん、そのような付け焼き刃的な『私たちの道徳』しかできなかった最大の原因としては、時間的な制約が大きかったように思われます。それだけに、作成にかかわったとされる、元・前・現の教科調査官を中心とする道徳教育関係者に責任を押し付けるのは少し酷なように思います。しかし、出来上がった作品がまだまだ不十分であり、発展途上にあることについては、道徳教育関係者は、文部科学大臣や文部科学省行政官をはじめ、広く教員や国民に正直に語るべきでしょう。皮肉を込めて言えば、そうした発言が道徳教育関係者から出て来ないのは、時間がなかったという言い訳をしたくなかったか、子どもに要求するような「正直」や「誠実」という道徳心や感覚を自らもっていなかったか、のどちらかでしょう。どちらにしろ、道徳心のある人が、やることではありません。

もし時間があったとしても、残念ながらそれほどよい作品は出来ないように思われます。もちろん、その原因は道徳教育関係者の能力不足だ、と非難したいのではありません。その大きな原因のひとつをあげるとすると、日本の道徳教育界には、繰り返しいいますが、現在の日本の道徳教育が拠って立つ哲理というか、支柱となるような考え方が存在していないからです。ここ五〇年あまり、そのようなことはほとんど探究されずに、教育心理学的、さらには臨床心理学的な発想の下、主に方法論だけがことさら考えられてきたからです。したがって、日本の道徳教育の基底が定まらない以上、道徳教育の改善は、「発達段階に即して指導しましょう」「討議を入れましょう」「考えましょう」「教え込みはいけません」「個人の価値観を尊重しましょう」などといった方法論に終始するだけです。その意味で、日本に適った道徳教育の絶対的基底が仮にでも定まらなければ、道徳教育の根本的で飛躍的な改善は生じ得ないどころか、今回の「道徳の教科化」も大失敗に終わるでしょう。

その失敗は、道徳教育の改善を頓挫させるだけでなく、道徳教育や道徳を子どもにとって空虚なものにしてしまいます。せっかく、教育の中でも核心的な位置にある道徳教育に国民的な関心が向いているときだけに、わたしたちはその失敗を見過ごすのではなく、それを防ぎ、何としても成功につなげたいと考えています。そうでないと、今の日本の現状下において、道徳教育が機能しなくなると、学校教育のみならず、教育全体が機能不全に陥り、未来社会を担う人材供給が麻痺してしまいます。それは、少し大げさな物言いになりますが、いよいよ日本の終焉を意味するものとなってしまいます。それだけに、日本の道徳教育の絶対的基底を問い、その根本から構築するために、本書では道徳教育の根拠を、蟻の視点からではなく、鳥の視点、つまり俯瞰的な視点から多角的に問うために、その偏狭な専門領域の立場を超越して、日本の新たな道徳教育を展望しようとしたのです。

(2) 日本の新たな道徳教育の必要性

[戦前の道徳教育]

戦前における道徳教育（修身教育）の基本的指針については、賛否はどうであれ、「教育勅語」で明確に示されていたことは事実です。そこで示された指針は、確固とした信念に迫るものでした。つまり、「ふわっ」とした平成の「心の教育」ではなく、いわば確固とした「魂の教育」が、戦前には存在していたのです。

だからといって、ここで、戦前の明治時代の古い道徳教育をいわば墓地から掘り出して賛美しようとするのではありません。現在と違って、なぜ戦前においては、確固とした道徳教育が可能であったのかについて考えてみたいだけです。その拠り所となる思想を象徴的に示していたのは、何と言っても教育勅語なのです。

[教育勅語に包摂された道徳的価値]

「教育勅語」の内容は、儒教主義的な色彩の強いものでしたが、すべてがそうではなくて、欧米の市民道徳の要素も適切にちりばめられたものになっていました。もちろん、「教育勅語」の内容に対しては、厳しい批判があるのは十分に承知していますし、それを尊重すべきだとはまったく考えませんが、出来栄えというか、形式的な完成度は高いものになっているのではないでしょうか。というのは、完成に至るまで何回も、当時の知識人による書き直しが行われており、その作品はまるで徳の知の芸術品のようになっているからです。その内容の善し悪しや賛否は横に置くとすれば、その形式的な完成度は高く、過去の教育基本法や改正された教育基本法（特に第二条）とは比較にならないように思われるのですが、どうでしょうか。

そこでは、当時の日本の国家観や歴史観が提示されたうえで、臣民（国民）の遵守すべき道徳の内容が明確に記されています。つまり、言わば筋を一本通したうえで、道徳の内容が示されているのです。

研究者によって諸説はありますが、一般には、一二の守るべき徳性が含まれていると言われています。その口語訳についても、立場によってさまざまな表現があるのですが、完璧なものではないと断ったうえで、無難な言葉で次のように表現してみることができるでしょう。

① 親に孝養をつくす（孝行）
② 兄弟・姉妹は仲良くする（友愛）
③ 夫婦はいつも仲むつまじくする（夫婦の和）

④友だちはお互いに信じあって付き合う（朋友の信）
⑤自分の言動を慎む（謙遜）
⑥広く全ての人に愛の手を差しのべる（博愛）
⑦勉学に励み職業を身に付ける（修業習学）
⑧知識を養い才能を伸ばす（知能啓発）
⑨人格の向上に努める（徳器成就）
⑩広く世の人々や社会のためになる仕事に励む（公益世務）
⑪法律や規則を守り社会の秩序に従う（遵法）
⑫国難に際しては国のために力を尽くす（義勇）

ここで、訳語の正確さ云々よりも、守るべき徳性の数、言い換えれば徳目の数に注目してもらいたいのです。つまり、教育勅語では、重要な徳性、すなわち重要な道徳的価値は、当時の日本人に必要と思われた儒教的な価値観と欧米の市民社会の道徳的な価値観を視野に入れながら、重要なものとしてわずか一二しかあげられていないのです。どうしても徳目、さらに言えば道徳的価値をあげて道徳教育をしたいのであれば、この個数程度が限界というものではないでしょうか。

なぜならば、次にあげる事例を考えてみれば、明らかなように思われるからです。すなわち、イスラム教で求められる重要な行為は、礼拝・喜捨・断食・巡礼・信仰告白の「五行」です。仏教で求められる行為は、「八正道」として知られている、正見・正思惟・正語・正行・正命・正精進・正念・正定の八つでしょう。キリスト教における神学的徳は、信仰・希望・愛の三つです。また、古代ギリシアにおいては、知恵・勇気・節制・正義の「四元徳」があげられ、この四元徳と神学的徳を合わせたものがカトリックの「七元徳」です。そして、儒教においては、一般的に、仁・義・礼・智・信の「五徳」と、孝・悌・忠の実践があげられます。ときには、親・義・別・序・信の「五倫」の徳の実践が強調されることもあります。さらに付け加えるならば、「モーセの十戒」では、一〇の戒律があげられているだけです。このように眺めてくると、人々の価値観や価値基準の基底にある主な宗教ないしは思想では、重要な徳は多くて一〇か、あるいはそれ以下の数です。となると、日本の場合、国教のような宗教に替わるものとして宗教的・思想的なものを想定するとき、「教育勅語」において一二の徳性が示されたことは、内容の善し悪しはまったく別の問題とすれば、妥当な数であったように思われるのです。

【なぜ現在でも徳目は増加し続けるのか】

それでは、なぜ、後述する現代の学習指導要領に記された道徳的価値の項目と違って、こんなに教えたい項目が少ないのでしょうか。そこが問題なのです。明治期においては、国家や国民の目指すべき方向性がひとつの哲学的・宗教的基盤のうえに構築されていたために、あれこれ末節な価値項目を多数あげる必要がなかったからではないでしょうか。その意味で言えば、シンプルな道徳的価値を包含した新たな道徳教育を構想するには、その基盤となる哲理の構築が必要な作業となるでしょう。ところが、道徳教育関係者はどうしても「道徳教育では」という閉じた専門分野の中に固執しがちですから、根本的にこれまでと違った新たな道徳教育を構築するには、道徳教育分野以外、つまり道徳教育分野を超えたところからの思索、たとえば哲学や科学などという、道徳教育にとっては俯瞰的な視点からの考察が、大きな突破口のきっかけになるものです。そのような柔軟で謙虚な姿勢が道徳教育界にはほとんど見られないために、改訂のたびに結果として、内容的に追加されるだけですから、道徳教育の目標を記した文章が長くなるとともに、教えるべき道徳教育の内容徳目の数も増加するわけで、学校の道徳教育がうまくいくはずがありません。

もちろん、道徳教育の基盤となる哲理を構築することは容易な仕事ではありませんが、それに果敢に挑戦しなければ、新しい道徳教育の展望は拓かれません。そこで、本書では、わたしたちは、まだまだ自らの記述内容の不完全・不十分さを承知しつつも、日本の道徳教育界においては行われていない試み、すなわち、科学的思索と哲学的思索を中心にしながら、その哲理の一端を最先端の科学と深遠な哲学・思想の中から紡ぎ出す試みに挑戦したのです。

【現在の道徳教育の徳目】

現在の道徳教育界を眺めてみますと、本書で取りあげているような根本的な事柄には目も向けないで、あいかわらず小手先の方法論にご注進で、内容論や目標論、さらにはその基盤にある哲理には、いっこうにその探究の関心が向けられていません。したがって、日本の道徳教育は、どのような基盤のうえに立ち、いかなる方向に足を進めて行こうとしているかを不明確にしたまま、表面的な工夫に終始しているのです。

たとえば、日本の学習指導要領の一九八九（平成元）年版から二〇〇八（平成二〇）年版に至るまで、以前に指摘した四つの区分に基づいて、発達に応じて多数の教えるべき徳性、つまり古い言い方をすれば徳目、新しい言い方をすれば道徳的価値が記され、改訂の度にその数は増え続けています。

しかも、二〇一五（平成二七）年三月二七日の学習指導要領の一部改正案を見ても、四つの区分は変えないまま、「1-(2)」「3-(2)」などといったように番号で整理されていたものが、「正直、誠実」や「感謝」などの言葉によって整理されたことと、その区分の順序が三番目と四番目を入れ替えて、その際にそれまで四番目の区分として記されていた「主として自然や崇高なものとの関わりに関すること」が「主として生命や自然、崇高なものとの関わりに関すること」に変更されたことなどです。つまり、本質的な構造は何も変わっていません。ほかには、内容項目が少しだけ増加されたぐらいです。このままでは、改訂の度に、時代や社会が変わったということを理由に、道徳的価値と呼ばれる徳目が追加されるだけです。

徳目（道徳的価値）をただ追加するような行為は、道徳教育の本道からはずれているということがどうしてわからないのでしょうか。そんなことは、何千年も前からいわれていることです。たとえば、中国の老子も「道可道非常道」（道の道とすべきは常の道とあらず）という言葉で、「あれこれと道徳の徳目の名などをあげているけれども、そんな名目はすべて永久不変の道ではない」と教えてくれています。もし、そんな常識的なことも道徳教育関係者の中で共通理解されていないというならば、情けない限りです。

【現在の道徳教育の目標】

また、その一部改正案（二〇一五年三月二七日）の第一章総則で示されている道徳教育の目標の記述を見ても、たいへん失礼な物言いになりますが、前述した目標の文章が少しわかりやすくなって少し改善した程度で相変わらず、目標と内容の関連性はなく、しかもそこで記されている価値的な語句も大きくは変わっていません。次のようになっています。

「道徳教育は、教育基本法及び学校教育法に定められた教育の根本精神に基づき、自己の生き方を考え、主体的な判断の下に行動し、自立した人間として他者と共によりよく生きるための基盤となる道徳性を養うことを目標とする。

道徳教育を進めるに当たっては、人間尊重の精神と生命に対する畏敬の念を家庭、学校、その他社会における具体的な生活の中に生かし、豊かな心をもち、伝統と文化を尊重し、それらを育んできた我が国と郷土を愛し、個性豊かな文化の創造を図るとともに、平和で民主的な国家及び社会の形成者として、公共の精神を尊び、社会及び国家の発展に努め、他国を尊重し、国際社会の平和と発展や環境の保全に貢献し未来を拓く主体性のある日本人の育成に資することとなるよう特に留意しなければならない。」

本章ですでに掲げた一九五八（昭和三三）年版と二〇〇八（平成二〇）年版の学習指導要領に記されたものと比べてください（本書一六六－一六七頁参照）。確かに、後者の学習指導要領の目標に関する記述は、今回の一部改正では、二つに分割されたために、少しはその記述内容はわかりやすくなりました。しかし、これでは、現在の道徳教育の問題状況は大きくは改善されるわけはなく、その閉塞状況は継続され、根本的な病巣の部分がより悪化するだけでしょう。これでは、喩えていえば、疾病の根本原因がわからないまま、多種多様な薬を飲んでいるようなもので、ますます身体が薬の副作用（毒作用）で衰弱していくようなものです。また、別の喩えで言えば、砂上の楼閣、あるいは空中の楼閣の建築に精を出しているようなものです。

【これからの道徳教育に求められるもの】

それだけに、早急にその道徳教育の問題状況を照らす光源、すなわち道徳教育の哲理が求められなければなりません。その際に、本書の第一章や第二章で示されたような、最新の科学の知見とともに、その科学にも裏付けられ得る「日本文明」の英知が積極的に取り入れられるべきだと考えられます。そこから道徳教育の礎石ないしは支柱になる哲理を導きたいのです。

もちろん、その答えを導き出すことは簡単ではありません。しかし、本書をここまで読んでいただくとわかるように、本書を創作するための共同作業の中で、おぼろげながらも確実に、答えとしての哲理が紡ぎ出されてきました。

すなわち、人間の知能の外というか、人の預かる領域ではない、人知を超えた「大自然の摂理」という原理です。別の言い方をすれば、科学的思索を中心に行った第一章でいうところの、絶妙な二面性のバランスによる生命の維持となる「生命の働き」という原理です。そのバランスは、宇宙の存在というところにも見られます。また哲学的思索を中心に行った第二章でいうところの、「水」と「火」の調和的な働きのような作用となる「生命の働き」という原理です。そのような「大自然の摂理」という原理、すなわち「生命の働き」という原理をいわば礎石ないしは支柱、すなわち絶対的基底にした道徳が標榜されることによって、教育学的思索を中心に行った第三章（本章）で指摘したところの、閉塞状況の中で小手先の方法論の修正だけを重ねるだけの現状を勘案するとき、日本の道徳教育のイノベーションと再構築が一気に進むと考えられます。

そのように考えてくると、「海の魚、空の鳥、家畜、地のすべてのもの、地を這うすべてのものを支配させよう」（『創世記』）という人間観とは、まったく違ったものが大前提になってくるでしょう。つまり、わたしたちが示そうとしている原理の下では、人間は「自然の子」、つまり「自然の一部」という存在と見なされますから、自然の支配者でも至上の存在でもありません。そのような人間観が下敷きになれば、特に平成期の学習指導要領に表れているような人間中心、ひいては個人中心、さらには個人の心中心の道徳教育は、改めざるを得なくなるはずです。たとえば、利己的な「主として自分自身に関すること」という内容項目の区分から始まる学習指導要領の記述（教育勅語でも、「己」（自分）のことは、「父母」「兄弟」「夫婦」「朋友」の次の五番目に記されています）、あるいは「生命」に関連する「主として自然や崇高なものとのかかわりに関すること」という内容項目の区分が三番目になっているという学習指導要領の記述などは、あり得ないことでしょう（二〇一五年三月二七日の一部改正では、その内容項目の区分は、「生命」という語句が追加されて、最後の四番目になりました。わたしたちの強調する「大自然の摂理」という哲理に基づくならば、そもそもこのような四区分はまったく認められませんが、あえてこの区分に即していうと、この最後の四番目の区分が最も大切にされるものとして、一番目にあげられることになるでしょう)。この点からいっても、道徳教育の哲理がない、あるとすれば、人間至上主義の哲理としかいいようのない日本の学習指導要領の記述が、「大自然の摂理」から学んだものにイノベーションされるべきでしょう。そうなれば、道徳教育の内容も、二〇一五年の一部改正の表現に即していうと、「自分自身」「人」「集団や社会」「生命、自然、崇高」という机上の整理から脱却して、ひとつの学問的な体系性・系統性を有した真の「特別の教科」になるでしょう。

また、そのような道徳教育の哲理にかかわることは、「日本文明」の英知にかなりの部分で包含されていますから、道徳教材としては日本に関する文化・文明や地理・地誌の知識などが積極的に活用されてしかるべきでしょう。たとえば、日本の神話、十七条憲法、能や狂言などの芸能、『五輪の書』や『葉隠』などに見られる武士道、茶道や華道などの芸道などです。このような事例をあげると、自国主義の偏狭さが見られるなどの批判がすぐに来そうですが、もちろん、子どもの成長に即して、グローバルな知見は加味していかなければならないのは、いうまでもないことです。たとえば、必要があるときには、日本の神話を取りあげる際にギリシアの神話やキリスト教の創世記が、十七条憲法を取りあげる際にモーセの十戒が、武士道を取りあげる際に騎士道が併せて教えられればよいことです。自然との共生によって育まれたすばらしいものが日本にはあるのですから、自慢ではなく、また卑下することもなく、そして短所や反省すべきこともあるでしょうが、それに余りある長所や誇るべきこともあるのですから、子どもに日本の文化に埋め込まれた道徳を基本的に教えていくことが推進されるべきでしょう。

そこで創造される「日本版道徳教育」、すなわち「日本発の道徳教育」こそが、自国の社会的危機を助けるだけでなく、他国の、いや戦争やテロや環境問題などの世界の危機を救うことにも大きく貢献する、とわたしたちは確信します。それだけに、今後は、視野狭窄ぎみの道徳教育関係者だけでなく、幅広い学校教育関係者や子どもの保護者、あるいはさまざまな研究分野の人々の英知によって、「生命の働き」という原理に則った道徳教育学の構築とその実践が進められるべきでしょう。それができるのは、特定な宗教を基盤にもたない日本であり、またそれこそが宗教に制約されない日本の地球的使命ではないでしょうか。

(3) 日本の新たな道徳教育の展望 ―まとめにかえて―

【読者からの批判に応える】

学校をはじめ、地域や家庭において日々の道徳教育に取り組んでいる人たちからは、具体的・実際的な方法が示されていないという不満が聞こえてきそうです。特に、学校の先生たちからは、「1の(2)」「2の(3)」「4の(2)」などの暗号のような内容項目の確認や、中心発問の例示、授業における資料の取り扱いについての詳細な言及がなされていないために、批判のまなざしが向けられるかもしれません。

そうした不満や批判に対して、道徳教育の実践からは離れたところで仕事をしているわたしたちは、残念ながら真正面から反論できないでしょう。しかし、むしろその道徳教育の実践から距離を置いているわたしたちだからこそ、見えたり気づいたりすることもあるはずです。もちろんその中には、部分的にピント外れな指摘も一方であるかもしれませんが、日々の忙しい実践活動に追われてしまい、当事者には思いもしない、あるいは考えもしないけれども、その実践の根幹にかかわる有益な指摘も他方では必ずあるはずです。わたしたちは、その後者のことを願って、それぞれの専門的な立場から述べたつもりです。手前味噌になるかもしれませんが、道徳や道徳教育の根底を探る試みは、解決策を見出せない混迷状態において、まるでプログラム執行人のように方法論的な技法に終始している人たちに、改めて道徳教育の全体を基礎から眺めなければならないという学問的意義・意味を示したつもりです。それによって、発想の転換がなされることで、実践活動の質が飛躍的に高まり、閉塞状況からの脱却が行われれば、これに勝る喜びはありません。

また、道徳教育の研究に従事している人たちからは、本書の構成も内容も従来のものとはかけ離れているために、どのような道徳教育の分野や立場に位置づくものなのかという疑念の声も聞こえてきそうです。対立の構図で言えば、本書の執筆者は、たとえば主観主義か客観主義か、自然主義か非自然主義か、外在主義か内在主義か、帰結主義（責任倫理）か動機主義（心情倫理）か、個人主義か共同体主義か、認知主義か非認知主義（直観主義）か、どちらの立場に重きを置いているのか、あるいは、プラトン、アリストテレス、孔子、カント、アダム・スミス、シュライエルマッヘル、デュルケム、ピアジェ、デューイ、コールバーク、ラス、ハーミン、リコーナなどという、どの人物の影響を受けているのか、などと詮索されてしまうでしょうが、わたしたちはそのような特定のひとつの立場や主義、あるいは特定の人物の教えを絶対化してはいません。そのようなラベリングは後世の暇な研究者の仕事に任せるとして、わたしたちは一刻も早く道徳教育の閉塞状況を克服して、次世代を担う若者に健全な教育を用意してあげたいと考えているだけなのです。そのためには、道徳教育を根本的に見直すこと、つまり道徳教育の哲理から見直すことが、一見回り道に見えるでしょうが、最も重要で有効な試みだと考えたのです。そのうえで、我が国のように、宗教と切り離された学校教育が教育全体において大きな位置を占めるところでは、学習指導要領における道徳教育についての記述内容が、道徳教育の改善に対してとりわけ大きな役割を担っていると考えられるので、それを基底から支える哲理を示すことで、道徳教育のイノベーションの大きなきっかけとしたいのです。

本来ならば、まだまだ本書の記述内容を充実させるために検討を重ねなければならなかったのですが、二〇一五（平成二七）年三月二七日に文部科学省は小学校や中学校などの学習指導要領の一部を改め、「道徳の時間」を「特別の教科　道徳」（「道徳科」）に変更するという、大きな改変を行いました。まもなく、学習指導要領が全面改訂され、二〇一八（平成三〇）年四月からは、新しい教科書を使って「道徳科」の授業が小学校で開始されようとしています。そのような道徳教育にとっての大きな転換期が渡来していることを鑑み、不十分ながらもわたしたちの主張を世に問うことにしたのです。

【道徳教育の哲理としての日本文明 ①：二面性と科学的裏づけ】

第一章における最先端の分子生物学のところで指摘されたように、生命の本質には二面性があります。つまり、反対の働きをする調節系がペアで働いています。より具体的に言うと、生命の本質として、自己を保存するという利己的な働きである自己複製による増殖と、利他的な働きである自死性であるアポトーシスのプログラムという二面性がつねにバランスよく存在しています。表裏一体の関係である働きのどちらか一方が強くなると、生命は存在しなくなりますし、また引き継がれなくなります。たとえば、後者の面が強くなり過ぎれば、「自死性」ですから、個々の生命は絶えてしまうでしょう。しかし、他方の前者の面が強くなり過ぎれば、自死性のない、他の細胞や臓器を破壊し、個体の死によって最終的に死んでしまう「がん細胞」を考えればわかるように、前者の面が強くなり過ぎても生命は維持できません。そうした意味で、つねに絶妙な二面性のバランスによってひとつの生命が存在するのです。まさに、「二つひとつが大自然の摂理である」といえます。

この現象は個人的な好き嫌いに関係なく、自然の根底にある「大自然の摂理」なのですから受け入れざるを得ません。しかも、利他性の働きに着目すると、他者を思いやる利他性は、結果的に個体の生命を存続させるだけでなく、さらなる個体の進化を促進してきました。また、宇宙を考えてみても、引き合う力と反発する力、対生成と対消滅、光の性質としての波と粒子などのように、そこでも分子生物学と類似的な二面性やバランスを見て取ることが可能です。

このような仕組みは、いったいだれが作ったのでしょうか。あるいはゲノム（遺伝情報）は、だれが書いたのでしょうか。また宇宙は、だれが創生したのでしょうか。第一章では、それは単なる偶然と考えるのではなく、控えめに言えば、ヒトを含む全生物に生命を与えた自然界の親としての「サムシング・グレート」を想定せざるをえないと、村上氏は考えました。

もしそうであるならば、自然の根底にサムシング・グレートを想定するという考え方は、縄文以来の日本の伝統的自然観ときわめて親和性の強いものではないでしょうか。さらにいえば、自然には崇高なものが宿り、その自然を崇拝し、護り育て、それに畏敬の念を抱くという縄文時代以来一万年以上にわたって生き続けてきた自然共生的な知恵は、意外なように思われがちですが、実は大局的には最先端の科学によっても裏づけられていると見なすことができるだけでなく、今日の世界においても環境問題を考えるうえで必要不可欠とされる世界観になっているのです。

そのように考えてくると、決して手前味噌でいっているわけではありませんが、伝統的な日本文化、そしてその底流にある日本文明の英知は、もっと注目されてよいはずです。

【道徳教育の哲理としての日本文明 ②：東日本大震災の際の行動】

東日本大震災後、日本のマスコミは意図的に美談の話題を取りあげたように感じます。現実には、大災害の合間に、略奪や盗難や暴行などの問題行動は間違いなく存在したように思われます。しかし、諸外国と比べれば、明らかに日本の場合は、そのような問題行動は少なく、ごく普通の人たちが困った人たちを助けていたようです。場合によっては、人のために自らの命を失うという、まるでアポトーシスの精神が顕現しているとしか思えないような行為も見られました。

そこには、穿った見方かもしれませんが、本人自身が意識しなくても、「大自然の摂理」に則った、それを受け入れる心と、人を助けるために自らの生命をかえりみないで助けようとする心が働いていたように思われてなりません。そのような行為は、大自然から授かった人間の根本的な心としての精神性（魂）を自覚する人々を動かし、その行動をとらせたのでしょう。それこそが、自然との付き合いの生活の中で刷り込まれた伝統的な日本文化、そしてその底流にある日本文明の顕現のひとつといえるでしょう。

〔道徳教育の哲理としての日本文明③：道徳教育の源泉〕

このような日本文明の伝統は、優れた人から教えられたものではなく、自然との付き合いの生活の中で刷り込まれ、会得したもの、つまり自然から教えられたものであって、二一世紀の現代に至るまで、善し悪しは別にして、あるいは人によって強弱があるとしても、日本では綿々と継承されてきたはずです。その姿勢は、自然を自己中心的にどう利用すればよいかを考え、結果的に環境破壊を深刻化して止まない欧米諸国の思想とは根本的に違っています。その意味では、特に平成期以降の学習指導要領に見られるような、自分自身、つまり個人、自己、我欲などを中心に据えた価値観とはまったく相容れないものではないでしょうか。そこに示されている、人知を超えた「大自然の摂理」を受け入れ、それに由来する生命の本質を尊重して従うという行動規範は、「日本発の道徳教育」の源泉になると考えられます。

その点に関しては、第二章においても、ネコや胎児などのわかりやすい事例が示されたうえで、「大自然の摂理」に則った生命の働きのすごさが説明されています。その事例として、細胞の活動をはじめ、身体や脳の働きなどが示されています。そうした課題意識から、生命の働きに則った道徳が道徳教育の基底に据えられるべきだと主張されています。その際に、生命の働きは、能動的な「火」のごとき働きとしてのアポトーシスと、受動的な「水」のごとき働きとしての生物時計との、相反する二つの根本的な働きに大別されて考えられていますが、その調和、つまりバランスのとれた生命の働きによって、健康や理解力や素直さが多種多様なジャンルの著名な人物の例を引き合いに出しながら、そしてさらに自らの宗教的・直観的体験談を交えながら、深遠な内容がわかりやすく説明されています。そのうえで、日本文明の根本的な考え方になっている「かんながらの道」について、「大国主命の国譲り」と「明治維新」という日本の歴史の一端を事例として取りあげながら、「新道徳」の源泉（拠り所）となる、喩えていえば「水」と「火」の両方が調和的に働くような行為——結果的に相手も助かり自分も助かるような行為——となる「生命の働き」、すなわち「大自然の摂理」に学ぶことの大切さが力説されています。

【道徳教育の哲理としての日本文明④：未来への道標】

第三章（本章）では、日本の憂うべき道徳教育の混乱状況をはじめ、その現状や課題について、諸外国の道徳教育の実態と日本の歴史的変遷、さらには教育学の専門的な理論を踏まえながら説明されています。そのうえで、道徳教育の改善の鍵として、読み物資料の中で登場する人物の心情を探ってひとつの道徳的価値を内面化させようとする、心情把握型の道徳教育、および

『心のノート』の内容や学習指導要領における内容項目の四区分に象徴されるような、個人主義の色彩の強い心理主義の道徳教育からの脱却が主張されています。また、『心のノート』の改訂版と言われる『私たちの道徳』の内実は、基本的に、心情把握型の道徳教育向けの読み物資料（ただし、道徳的価値よりも人物が優先されており、その点では戦前の修身科の教科書に親和性を有しているといえるでしょう）と『心のノート』とを合体したようなものになっているだけですから、まだまだ改善の余地は残っています。

このような大きく進歩発展のない実態は、我が国の道徳教育の基底に確固とした哲理がないことに依るものだろうと考えられます。したがって、現在の道徳教育にはその哲理が必要なのですが、現行の学習指導要領（および二〇一五（平成二七）年三月二七日の一部改正のものも含めて）の作成に際しても、時間がなかったのか、そのことには十分に思いが至らず、ただただ教えるべき内容項目が、これまでの改訂と同様に、結果的に追加され続けています。戦前の道徳教育にあっては、良い悪いは別にして、そうした哲理のようなものが明確にあっただけに、その哲理がないという問題性に今なお日本において気づこうともしない道徳教育関係者の姿勢は情けない限りです。あるいは、気づいてもそれに挑戦しようとしていないのであれば、その勇気のなさも情けない限りです。

そこで、わたしたちは本書でそれに共同で挑戦してみました。まだまだその解答を得るための過程や成果は不十分ではありますが、おぼろげながらも確実に、道徳教育の哲理については、一応の見当、すなわち仮解答は示すところには至りました。

すなわち、人間の知能の外と言うか、人の預かる領域ではない、人知を超えた「大自然の摂理」という原理です。別の言い方をすれば、第一章で言うところの、絶妙な二面性のバランスによる生命の維持となる「生命の働き」という原理です。また第二章で言うところの、「水」と「火」の調和的な働きとなる「生命の働き」という原理です。そのような「二つひとつが大自然の摂理」という原理、すなわち「生命の働き」という原理をいわば礎石ないしは支柱、すなわち絶対的基底にした道徳が標榜されることによって、教育学的思索を中心に行った第三章（本章）で指摘した、閉塞状況の中で小手先の方法論の修正だけを重ねる日本の現状から脱却し、道徳教育のイノベーションと「日本発の道徳教育」の構築が一気に進むと考えられます。いうまでもなく、「日本発の道徳教育」の基底となる「大自然の摂理」という哲理は、日本人が縄文時代の昔からの生活の中で、自然から教えられ、刷り込まれて、直観的に会得してきたものに他ならないものです。

●主要参考文献●

・渥美育子『「世界で戦える人材」の条件』ＰＨＰビジネス新書、二〇一三年

・飯田史彦・吉田武男『スピリチュァリティ教育のすすめ―「生きる意味」を問い「つながり感」を構築する本質的教育とは―』ＰＨＰ出版、二〇〇九年
・大森与利子『「臨床心理学」という近代―その両義性とアポリア―』雲母書房、二〇〇五年
・小沢牧子『「心の専門家」はいらない』洋泉社、二〇〇二年
・小沢牧子『子どもの〈心の危機〉はほんとうか?』教育開発研究所、二〇〇二年
・柿沼昌芳・永野恒雄『『心のノート』研究』批評社、二〇〇三年
・河野哲也『道徳を問いなおす―リベラリズムと教育のゆくえ―』ちくま新書、二〇一一年
・河野哲也『善悪は実在するか―アフォーダンスの倫理学―』講談社、二〇〇七年
・国際知的交流委員会編『アステイオン　60』阪急コミュニケーションズ、二〇〇四年
・小寺正一・藤永芳純編『三訂　道徳教育を学ぶ人のために』世界思想社、二〇〇九年
・鈴木寛『「熟議」で日本の教育を変える』小学館、二〇一〇年
・田中英道『日本と西洋の対話―一文化史家のたたかい』講談社出版サービスセンター、二〇一〇年
・田中圭治郎『道徳教育の基礎』ナカニシヤ出版、二〇〇六年
・土戸敏彦『〈道徳〉は教えられるか?』教育開発研究所、二〇〇三年
・道徳教育をすすめる有識者の会『一三歳からの道徳教科書』育鵬社、二〇一二年
・中西真彦・土居正稔『西欧キリスト教文明の終焉』太陽出版、二〇〇七年
・林泰成『新訂　道徳教育論』放送大学教育振興会、二〇〇九年
・福田弘・吉田武男編『道徳教育の理論と実践』協同出版、二〇一三年
・村上和雄・吉田武男・一二三朋子『二一世紀は日本人の出番―震災後の日本を支える君たちへ―』

学文社、二〇一一年
・文部科学省『小学校学習指導要領解説　特別の教科　道徳』二〇一五年
・文部科学省『中学校学習指導要領解説　特別の教科　道徳』二〇一五年
・森真一『自己コントロールの檻』講談社選書メチエ、二〇〇〇年
・吉田武男『「心の教育」からの脱却と道徳教育―「心」から「絆」へ、そして「魂」へ―』学文社、二〇一三年
・吉田武男『シュタイナーの教育名言一〇〇選』学事出版、二〇〇一年
・吉田武男『シュタイナーの人間形成論―道徳教育の転換を求めて―』学文社、二〇〇八年
・吉田武男・相澤伸幸・柳沼良太『学校教育と道徳教育の創造』学文社、二〇一〇年
・吉田武男・田中マリア・細戸一佳『道徳教育の変成と課題―「心」から「つながり」へ―』学文社、二〇一〇年
・吉田武男・中井孝章『カウンセラーは学校を救えるか―「心理主義化する学校」の病理と変革―』昭和堂、二〇〇三年
・吉田武男・藤田晃之編『教師をダメにするカウンセリング依存症―学級の子どもを一番よく知っているのは担任だ―』明治図書、二〇〇七年
・渡部昇一・岡田幹彦・梶田叡一・八木秀次『日本再生と道徳教育』モラロジー研究所、二〇一四年
・渡辺雅之『いじめ・レイシズムを乗り越える「道徳」教育』高文研、二〇一四年

第三章の要約

*「心の教育」というべき道徳教育の必要性が叫ばれるということになったが、そのような教育は、本来的に個人の内面に着目するために、問題行動の現実的背景に目をつむってしまうという大きな欠点を有している。

*理論と教育現場をよく知る道徳教育関係者は、過去のイデオロギー対立を反映して、道徳教育に賛成か反対かという議論にいつまでも終始しているのではなく、行政的な立場の意見も勘案しながら、広い視野をもって根本的に道徳教育の在り方を考えていくことが重要である。

*日本の道徳授業は、人生の家を建てる際に、確固とした基礎工事をすることなく、やわらかい砂の上に支柱を立てて、楼閣の美しさを競っているようなものである。

*日本の道徳授業でしばしば見られるのは、特定の偏狭な場面を想定し、子どもに対して悩みや葛藤などの心の揺れを煽りながら、教師の伝達したいひとつの道徳的価値に収斂されていくような指導である。

*日本の道徳授業では、心情主義の影響を反映して、どのような心の境地に達するのかが問題であって、現実の社会において具体的にどのような行為が重要なのかは問題になりにくい。

*主人公の心情を探る教師の発問が、教師の想定する答えとしての道徳的価値を推しはかる「心当てゲーム」にしばしば陥るために、特に教師の期待する道徳的価値を推しはかることのできる少し知的で利口な子どもにとっては、その授業はわざとらしくて退屈な「心当てゲーム」になる。

*心情のあり方を尊重している日本の道徳教育の関係者たちは、「子どもの感情や意志を内面で育

めば、そのような子どもは必ず善い行為をする」という、信仰のようなもの（当事者たちは信仰とは思わず、信念をもっているか、あるいは思考停止しているかでしょうが）をもっている。

＊自分の内面に絶対的な神仏性の存在を感じられない日本人にとっては、自己中心的な肥大化した自我や我執が神仏の座にすり替わりかねない点で、欧米からすればアニミズムや多神教に見えてしまう日本の文化では、この理論に内在する相対主義の立場が、とんでもない危険性を生じさせかねない。

＊アメリカから取り入れた「価値の明確化」理論と「モラルジレンマ授業」の方法は、教師側の道徳的価値を注入することなく、つまり規範的な指示的アプローチをすることなく、子どもに寄り添った道徳教育、すなわちいわゆるロジャース流の非指示的アプローチを具現化しようとする点で、確かにすぐれた長所を有しているが、結果的に道徳教育の訓育機能ないしは指導機能を弱体化させてしまう点で、大きな短所も併せもっている。

＊アメリカからリコーナの人格教育の考え方が我が国に知られるにつれて、ようやく日本でも、まだ不十分ながらも、訓育機能ないしは指導機能の弱い心理主義的な道徳教育の弱点とともに、教えるべき価値は子どもに内容として伝えなければならないという、いわば当たり前のことがようやく気づかれ始めた。

＊リコーナの人格教育のよいところが参考にされないと、結局、「価値の明確化」理論や「モラルジレンマ授業」の時と同じことで、表面的で形式的な理論や方法が真似られるだけで、それらの方法のもつ、いわば毒作用も日本の教育界に気づかぬうちに受け入れられてしまう。

＊戦後の日本においては、得てして特にアメリカからの理論の輸入が、その国のアイデンティティと深くかかわる道徳教育の分野でも何の疑問もなく促進されてきた。

＊利己主義と心理主義との親和性について、もっとわれわれは警戒しなければならない。

＊欧米の個人主義思想の社会的歴史的宗教的背景やその本質が伝播されずに、ただその表象的な言葉だけが根づいている日本にあっては、閉じた個々人の自分の中で扱われる道徳教育は、「利他」とは正反対の、わがままな利己主義という悪魔を育てていることになりかねない。

＊相反するもののバランスが生命の維持にとって大切であり、それこそが「大自然の摂理」に適っている。

＊『心のノート』は、現実生活の規範である道徳を心理的なものに偏らせるといかにおかしなものになってしまうかということを、見事なほど顕著に示してくれる教材である。

＊今の日本の現状下において、道徳教育が機能しなくなると、学校教育のみならず、教育全体が機能不全に陥り、未来社会を担う人材供給が麻痺してしまう。

＊日本の場合、国教のような宗教に替わるものとして宗教的・思想的なものを想定するとき、「教育勅語」において一二の徳性が示されたことは、内容の善し悪しはまったく別の問題とすれば、妥当な数である。

＊道徳教育関係者はどうしても「道徳教育では」という閉じた専門分野の中に固執しがちであるために、根本的にこれまでと違った新たな道徳教育を構築するには、道徳教育分野以外、つまり道徳教育分野を超えたところからの思索、たとえば哲学や科学などという、道徳教育にとっては俯

瞰的な視点からの考察が大きな突破口のきっかけになる。

＊徳目（道徳的価値）をただ追加するような行為は、道徳教育の本道からはずれている。

＊子どもに日本の文化に埋め込まれた道徳を基本的に教えていくことが推進されるべきである。

＊創造される日本発の道徳教育こそが、自国の社会的危機を助けるだけでなく、他国の、いや戦争やテロや環境問題などの世界の危機を救うことにも大きく貢献するものである。

＊「生命の働き」という原理に則った道徳教育学の構築とその実践が進められるべきである。

終章　日本発の道徳教育への期待

吉田武男

【最近の道徳教育をめぐる動き】

教育を根本的に改革するには、その本丸である道徳教育について、その根源から問うような小冊子を作成しようという話が現実味を帯びてから、はや二年が経過しようとしています。この間、日本の教育行政における道徳教育の様相も、大きく変わりました。たとえば、二〇一三（平成二五）年一月一五日に、私的諮問機関として教育再生実行会議の設置が閣議決定され、そこでは「道徳の教科化」や「いじめ対策の法制化」などが提言されました。その後、文部科学省では、道徳教育の充実に関する懇親会報告「今後の道徳教育の改善・充実方策について」が二〇一三（平成二五）年一二月二六日に、それに続けて中央教育審議会答申「道徳に係る教育課程の改善等について」が二〇一四（平成二六）年一〇月二一日に出されました。それを反映するかたちで、二〇一五（平成二七）年三月二七日には、「道徳の時間」を新たに「特別の教科　道徳」として位置づけた学習指導要領の部分改正等が示されました。これらのことを受け、道徳教育の評価に関して、指導要録の具体的な改善策等も含めて、文部科学省において専門的に検討を行うために、「道徳教育に係る評価等の在り方に関する専門家会議」が設置され、二〇一五（平成二七）年六月一五日に第一回会議が開催されました。二〇一五年度中に、その専門家会議からの報告がまとめられる予定だそうです。

また、文部科学省編集の『心のノート』は『私たちの道徳』に改訂され、二〇一四（平成二六）年四月から使用開始されました。二〇一八（平成三〇）年度から小学校で、二〇一九（平成三一）年度から中学校で、検定教科書が導入され、「特別の教科　道徳」が実施される予定です。

【道徳教育の哲理のなさ】

このような急激な変化を遂げている日本の道徳教育の現状ですが、本書で指摘したように、残念ながらこのままでは従来ながらの小手先の修正が行われることになりそうです。なぜならば、一九八九（平成元）年度、一九九八（平成一〇）年度、二〇〇八（平成二〇）年度と続いた学習指導要領の改訂を眺めても、道徳教育に関してもそのような修正が行われてきたからです。さらに付け加えるならば、日本の教育行政に強くかかわる著名な道徳教育関係者たちは、「道徳の教科化」を、我が世の春が来たかのように手放しで喜んでいるだけで、そもそも道徳教育に関する内容の体系化や教材の系統化もほとんど確立されていないのですから、他の教科とどもに教育課程に位置づけるのであれば、早急に研究しなければならないという危機感を自覚しているようには思えないからです（なぜならば、いやしくも教科であるならば、教材の中心となる教科書が作成されることになりますが、道徳の教材の系統性が学問的に確立されていない以上、真っ当な教科書はできるはずがない、と考えるのが教育学のイロハだからです。それゆえ、それでも教科書ができるというのであれば、それは教科書ではなく、内実は「参考資料集」と呼ぶべきものでしかないはずです）。

しかし、わずかな望みはありそうです。というのは、前述したように、二〇一五（平成二七）年三月二七日に、学習指導要領の部分改正等が示されました。そこでは、「特別の教科　道徳」で目指される目標の記述の中で、一九五八（昭和三三）年度からお題目のように唱えて来た「補充・深化・統合」というフレーズ、さらには道徳授業の目標を内面的資質の育成に留まらせていた「道徳的実践力」という言葉が削除されました。このような変更は素人目にはたいしたことに見えないかもしれません。しかし、六〇年近い道徳授業の歴史から見れば、学習指導要領における小さな文言の変更ですが、勇気ある画期的な改革が行われたと言えるでしょう。何しろ、これまでの改訂の歴史を見れば明らかなように、つねに新しい重要な語句を加筆することが主で、削除するような修正はほとんどなかったからです。また、授業ではなく、学校の道徳教育の目標についても、一九八九（平成元）年度から引き継がれてきた「道徳的な心情、判断力、実践意欲と態度」という記述が、「道徳的な判断力、心情、実践意欲と態度」に変更されました。「心情」が「判断力」の後ろに移されたことで、これまでの私事的・個人的な「思うだけ」「感じるだけ」に留まってしまう心情主義・心理主義の道徳教育の傾向が弱まり、「考える」「議論する」道徳教育が強調され、さらには「熟議」するような道徳教育が始まりそうです。知識基盤社会が叫ばれる今日、ようやく道徳教育も質的転換に向けて、世の中の動向に軌を一にしてきたのですから、まだ不十分なところはあるものの（たとえば、大きなところをあげれば、①一九五八（昭和三三）年度には真っ先にあげられていた「道徳的習慣」の形成の側面が弱いこと、②「徳」の旧字体「德」に象徴的に表れている内容が省みられていないこと、すなわち左の行人偏が示すように、徳は行為につながらなければ意味がないこと、そして右の旁の「十」「四」「一」「心」という部分に注目すると、「十」は調和・バランスを意味すると考えて、四つの心を調和させる「一」にあたる部分、本書で言うところの道徳の哲理がないこと、③あいかわらず机上整理的な四つの内容に対して何の疑問もなく継承されていること、④道徳教育の目標と内容の関連性が欠如していること、⑤「豊かな心」というような甘い表現に安住してしまい、「道徳感覚」や「道徳的感性」というより覚醒したような表現が看過されていること、など）、それなりの改善がなされたという肯定的な評価はできるのではないでしょうか。しかし、そうした文部科学省内で行われる学習指導要領の改善については、もちろん文部科学省に責任はありますが、むしろそれ以上に、わたしを含めた道徳教育の研究者の責任が大きいように思います。なぜなら、道徳教育の研究者が、現在の日本に適った道徳教育の学問的な哲理を提示できないからです。その結果として、確固とした基盤の上に筋の通った柱のような理念が日本の道徳教育に据えられませんから、どうしても小手先の指導法（ハウツー）の改良が行われてしまうだけで、道徳教育の理論と実践が進展しないのです。それゆえ、たとえば、「考える道徳」「議論する道徳」が実践に移されても、道徳教育の哲理が欠如している以上、何のために何をどの順番で教えてよいのかということが確立されないのですから、今のままでは、せっかくのすばらしい実践も指導法（ハウツー）の改良のレベルに成り下がってしまうだけでしょう。

そのために、何としてもその哲理を見つけ出すことに努めようとしたのが、何度も繰り返していいますが、この本書なのです。ここでは、一応の解答というか、真実に近い仮説のようなものとして、簡潔にいうと、「大自然の摂理」に則ったかたちの「生命の働き」を原理とした道徳教育を提案しました。つまり、人間を含めた生きとし生けるものの尊重の精神を大切にする考え方、すなわち、少し堅い表現をすれば、「生命論的自然観・人間観」を基底に据えた道徳教育を示したのです。

したがって、本書によって、道徳教育の哲理が注目され、その理論を基盤にした実践が出現するようになれば、わたしたち作成者の初期の目的は達成できたことになります。特に、それを達成させていくには、文部科学省の道徳教育関係者をはじめ、勇気と志をもつ道徳教育の研究者と学校現場の先生たち、さらには子どもの保護者や他分野の学識者、そして教育に関心をもつ一般の方々などの理解と協力が必要不可欠だと考えています。

【本書の世界観と親和性の有する書籍】

本書の原稿を整えているときに、本書の世界観と親和性を有する書籍の出版が目に留まりました。その書籍の帯には、「あとがき」より引用した、次のような文言が書かれていました。

「世界の共生をなぜ日本から始められるのかといえば、日本はひとつの物差しで、たとえばある宗教によって全体が染まっているわけではないし、なんとか主義という思想のもとで、社会がひとつに染まっているわけでもありません。逆に、古今東西の思想・哲学・宗教などいいとこ取りができる国だといえます。柔軟で抵抗感がないからこそ、新しい文明を切り拓くチャンスがあるのです。」

この書籍のタイトルは、『世界を照らす日本のこころ』というもので、著者は下村博文現文部科学大臣（二〇一五年九月現在）です。タイトルから言っても、道徳教育と直接関係があるわけではありませんが、何かここに記されている中身は、本書の意図と根底において相通ずるものも多く含まれているようです。特に高く評価できることとしては、文部科学省内の道徳教育の改革が、どちらかと言うと、道徳的価値の項目の追加や、表面的なチマチマしたハウツーの工夫に終始しているのに対して、文部科学大臣、すなわち文部科学省のトップは、事象の基底に隠された根本的な原理に注目しているところです。どうして、大臣が物事の根底に目を向けているのに、文部科学省内の道徳教育の教科調査官らが大臣の思いと真逆とも言えるような、物事の表象しか見ないのでしょうか。情けない限りです。

【日本文明の出番】

しかし、日本人で、しかも現役の文部科学大臣の主張ですから、「我が国の伝統と文化への賞賛は割り引いて聞かなければならない」、と読者から異論が出てくるかもしれません。もちろん、その異論はある意味では的を射たものでしょうが、この文部科学大臣の著書で語られている内容それ自体は大筋において賛同されるべきものではないでしょうか。というのは、我が国の伝統や文化を含めた日本文明のさまざまな魅力は、なにも日本人だけでなく、小泉八雲（ラフカディオ・ハーン）をはじめ、ドイツの建築家ブルーノ・タウトや理論物理学者アルベルト・アインシュタイン、サムエル・ハンチントンなど、あげれば枚挙に暇がないくらいの外国人に認められているからです。

その中でも、若干政治的な意図も見え隠れしますが、ハンチントンは、『文明の衝突』という著書の中で、世界の七つの文明として、日本文明を中華文明に組み入れることなく、しかも多くの国にまたがる他の文明と異なり、日本文明を唯一一国だけの文明としてあえて分類していることからも明らかなように、日本文明の独自性を十分に認めています。したがって、日本文明が反映された日本文化を我が国における道徳教育の教材資料として利用することは、もっと積極的に考えられてよいはずです。なぜなら、特に日本文化には、日本人に合った道徳的要素、つまり大自然と対峙して克服するような発想ではなく、「大自然の摂理」に従い敬いながら、人間同士も共生共存していくという哲学的・宗教的な生き方、まさに自利利他の生き方、すなわち今の世界に最も必要な生き方が有機的に溶け込んでいて、教師も子どももそれらの要素について誇りと好奇心をもって探し出すことができる、と考えられるからです。つまり、そうした授業では、道徳教育のために作成された、本物の知識とは縁遠いような、白々しくてわざとらしい資料における道徳的価値の押し付けとは異なり、本物の文化の中に重要な道徳的価値を実感する、あるいは本物の文化の中からそれを探し出すような新しい授業の展開が期待されることになり、何よりも教師自身が知的な楽しみを味わうことができるはずです。教師が道徳教育を教えることに対しておもしろみを感じていないのに、おもしろそうに教えているとすれば、それこそが道徳教育上の欺瞞でしょう（親と子どもとの関係でも同じことがいえるでしょう）。教師が教えるために学ぶことで成長し、子どももそのような教師に出会うことで成長するのです（親と子どもとの関係でも同じことがいえるでしょう）。まさに、共に育つという「共育」の考え方が、日本文化を教材として扱うことで、道徳授業にみごとに姿を現すのです。

そのような扱い方は、他国でも可能でしょうが、ひとつの特定な宗教を基盤にして生まれてきた文化ではないだけに、日本文化には豊かな道徳的価値や道徳的要素などといわれるものが生きたかたちで豊富に包含されている点で、きわめて有効な方法になるのです。なぜならば、喩えていうと、道徳は食べ物の中の「塩」のようなものであって、人間は塩分を摂取し過ぎると身体を壊しますし、取らないと死んでしまいますが、人間は塩分が含まれた料理を食べながら適度の塩分をバランスよく摂取することで、生命と健康を維持するからです。たとえば、古くは聖徳太子の十七条憲法を取り扱っても、そこには法というよりも、人間の生き方としての道徳がみごとに散りばめられています。「和を以て貴しとなす」をはじめ、「礼をもって本とせよ」など、さまざまな道徳的価値、すなわち徳性が豊富に含まれています。

日本文化をざっと眺めるだけでも、さらにいくらでもあげられます。たとえば、伝統文化に関しては、歌舞伎や能や狂言などの芸能をはじめ、武道や衣食住が、日本人の生活様式に関しては、幽玄やわび・さびや恥などの精神性をはじめ、祭りや年中行事や社会生活（マナーや習俗なども含まれる）が、日本の自然に関しては、気候や風土をはじめ、そこに生きる動植物が取りあげられてもよいでしょう。何よりも幸いなことに、日本では、科学的思考の未発達な古《いにしえ》の時代から、そこに住む人たちは直感的に自然の摂理に従い敬って、人間同士でも共生共存していく哲学を会得し、伝統と文化の中に落とし込んできてくれたのです。そのようなことを思いめぐらすとき、上から目線で、「教育基本法の改正によって『伝統と文化を尊重し』という文言が加えられたのだから教えるべきだ」と声高に叫ぶのではなく、日本人として誇りと気概をもって日本文化や日本文明の内容を人間形成に活用する道徳授業がもっと自然なかたちで推進されてしかるべきではないでしょうか。そうなれば、「国を愛する心」も、あえて口に出さなくても、自ずと育成されるものです。

「日本発の道徳教育」が世界を救う

もちろん、このような道徳授業は、狭い道徳教育の視点からだけではなく、少なくてもカリキュラム全体からの吟味検討が必要不可欠なために、簡単には進められないでしょう。たとえば、たった週一時間の道徳授業を、「道徳の時間」という領域化のままにして置くのか、あるいは「道徳科」という教科化への転換を図るのか、というような議論が、日本文化や地球規模の視点から俯瞰的に眺めればきわめて末梢末節なものに過ぎないレベルなのに、大学の学者や文部科学省内の教科調査官たちが、狭い自分たちの専門分野の権益を守り拡大するために血眼になっている現状では、とても簡単には道徳教育のイノベーションは実現できそうにありません。

しかし、小手先の学習指導要領の改訂や指導法の工夫などでは、とても日本を持続可能な発展社会に貢献できる人材が育てられないことは明らかでしょう。東日本大震災も、ある意味で日本人への大自然からの警鐘を担っていると受け取って、この機会に大きな発想の大転換を試みてはどうでしょうか。日本を復興し、持続可能な発展社会にしていくためにも、次の人材の養成を担う教育は、革命的に、かつ早急に改善されるべきです。その教育の中核を占めているのが、何といってもさまざまな教科教育ではなく、やはり学校とともに地域社会や家庭で行われる道徳教育なのです。それだけに、日本人にふさわしい「日本発の道徳教育」が創造されなければなりません。その本質的な特徴は、日本文化や日本文明を教材に活用した道徳教育であり、さらに言えば、人間を含めた生きとし生けるものの尊重の精神を大切にする考え方、すなわち「生命論的自然観・人間観」を基底に据えたところです。

その意味では、わたしたちの主張する「日本発の道徳教育」は、言わば「生命論的道徳教育論」（仮称）と呼ぶべきものです。その理論は、もちろん日本で特に求められているものですが、そこに内在している考え方、たとえば「自然の摂理への畏怖の念」や、「自利」だけではなく「利他」を尊重する精神などは、狭い小国の日本だけに留められるべき価値観ではなく、戦争やテロや紛争などの問題、さらには環境問題やエネルギー問題や食糧問題などによる人々の憎悪と憎しみの蔓延した今の世界の状況の中で、きわめて必要な価値観です。したがって、その考え方は、世界の平和と安定に対しても、地味ではありますが、十分に貢献できる価値観だと言えるでしょう。まさに今こそ、地球全体の平和と、その持続発展のためにも、日本で古くから醸成されてきた哲理に基づく「生命論的道徳教育論」が、日本から発信されて、日本のみならず世界を救うときだ、とわたしたちは考えています。

● 主要参考文献 ●

- 下村博文『世界を照らす日本のこころ』ＩＢＣパブリッシング、二〇一五年
- 中西真彦・土居正稔『西欧キリスト教文明の終焉』太陽出版、二〇〇七年
- 村上和雄・吉田武男・一二三朋子『二一世紀は日本人の出番―震災後の日本を支える君たちへ―』学文社、二〇一一年
- 文部科学省『小学校学習指導要領解説　特別の教科　道徳』二〇一五年
- 文部科学省『中学校学習指導要領解説　特別の教科　道徳』二〇一五年
- 吉田武男『シュタイナーの教育名言一〇〇選』学事出版、二〇〇一年

終章の要約

＊教科であるならば、教材の中心となる教科書が作成されることになるが、道徳の教材の系統性が学問的に確立されていない以上、真っ当な教科書はできるはずがない、と考えるのが教育学のイロハである。

＊確固とした基盤の上に筋の通った柱のような理念が日本の道徳教育に据えられないために、どうしても小手先の指導法（ハウツー）の改良が行われてしまうだけになり、道徳教育の理論と実践が進展しない。

＊「考える道徳」「議論する道徳」が実践に移されても、道徳教育の哲理が欠如している以上、何のために何をどの順番で教えてよいのかということが確立されないために、せっかくのすばらしい実践も指導法（ハウツー）の改良のレベルに成り下がってしまう。

＊「大自然の摂理」に則ったかたちの「生命の働き」を原理とした道徳教育が重要である。つまり、人間を含めた生きとし生けるものの尊重の精神を大切にする考え方、すなわち「生命論的自然観・人間観」を基底に据えた道徳教育が求められる。

＊特に日本文化には、日本人に合った道徳的要素、つまり大自然と対峙して克服するような発想ではなく、「大自然の摂理」に従い敬いながら、人間同士も共生共存していくという哲学的・宗教的な生き方、まさに自利利他の生き方、すなわち今の世界に最も必要な生き方が有機的に溶け込んでいる。

＊教師自身が道徳教育をおもしろいと心の底から思わなければ、子どももおもしろいはずがない。

＊道徳は食べ物の中の「塩」のようなものであって、人間は塩分を摂取し過ぎると身体を壊し、取らないと死んでしまうが、人間は塩分が含まれた料理を食べながら適度の塩分をバランスよく摂取することで、生命と健康を維持している。
＊大学の学者や文部科学省内の教科調査官たちが、狭い自分たちの専門分野の権益を守り拡大するために血眼になっている現状では、とても簡単には道徳教育のイノベーションは実現できそうにない。
＊「日本発の道徳教育」の本質的な特徴は、日本文化や日本文明を教材に活用した道徳教育であり、さらに言えば、人間を含めた生きとし生けるものの尊重の精神を大切にする考え方、すなわち「生命論的自然観・人間観」を基底に据えたところにある。
＊「日本発の道徳教育」は、もちろん日本で求められているが、そこに内在している考え方、たとえば「自然の摂理への畏怖の念」や、「自利」だけではなく「利他」を尊重する精神などは、狭い小国の日本だけに留められるべき価値観ではなく、戦争やテロなどの問題、さらには環境問題やエネルギー問題や食糧問題などによる人々の憎悪と憎しみの蔓延した今の世界の状況の中で、きわめて必要な価値観である。

あとがき　『道徳教育の根拠を問う―「大自然の摂理」に学ぶ―』の出版に寄せて

結城章夫

知・徳・体の三つをバランスよく育成することは、いつの世でも変わらない普遍的な教育の目標である。今の日本の状況を見ると、この三つの課題の中で、頭脳を鍛える「知育」と身体を鍛え健康を維持する「体育」については、さまざまな問題はあるものの、曲がりなりにもなんとかうまくいっていると言ってよいのではないでしょうか。その一方で、深刻な問題を抱え、緊急に取り組むべき課題は、「徳育」にあると思っています。

長い人生を強く豊かに生きていくためには、人としての総合的な力である「人間力」を鍛える必要があります。実社会では、多くの人と揉まれ合うことが避けられません。その中で周囲の人から信用され、信頼されるためには、「人徳」を磨き、高める必要があります。この人間力を鍛え、人徳を磨く「徳育」が、今多くの問題を抱え、うまく機能していないのです。

「徳育」では、親と家庭が果たすべき役割が大きいです。特に、乳児期や小学校に入るまでの幼児期の教育が大事です。まず何よりも、子育て真っ最中の若いお母さんやお父さん方にたいする適切な支援が求められています。

日本の戦後教育を振り返ると、戦後しばらくの間は、学校で道徳を教えるのはよくないことだと考えられ、タブー視された時期がありました。昭和三十年代に入り、学校教育の中に「道徳の時間」が設けられましたが、政治と学校現場のイデオロギー的な対立に巻き込まれ、なかなか道徳教育が教育の現場に浸透せず、教室に定着してきませんでした。道徳の授業では、定まった教科書がありません。これに携わる現職の教員は、自分も戦後教育の中できちんとした道徳教育を受けていないので、自信をもって児童・生徒に教えられないという状況が続いています。「徳育」の立て直しのためには、学校教育の中の道徳教育を充実・強化する必要があります。

道徳教育で親と教員は、子どもに何をどう教えるべきでしょうか。親、教員、行政及び政治が悩み続けてきた基本問題です。国家ビジョン研究会の教育問題分科会では、この三年間ほど、この問題について真剣な討議を重ねてきました。そして、たどり着いた結論が「サイエンスに裏づけられた大自然の摂理を日本の道徳教育の基本に据える」ということです。

本書が、これからの「徳育」や道徳教育の在り方を考えるすべての関係者の方々に参考となれば幸いです。

道徳教育の根拠を問う――大自然の摂理に学ぶ　◉検印省略

二〇一五年一〇月一五日　第一版第一刷発行

著　者　中西真彦
　　　　結城章夫
　　　　吉田武男
　　　　村上和雄
　　　　土居正稔

発行者　田中千津子

発行所　株式会社　学　文　社

〒153-0064　東京都目黒区下目黒3-6-1
☎03(3715)1501　FAX03(3715)2012
振替　00130-9-98842
http://www.gakubunsha.com

ISBN 978-4-7620-2566-2

印刷／東光整版印刷㈱